KB096770

청소년을
위한 **철학
공부**

청소년을 위한 철학 공부
열두 가지 키워드로 펼치는 생각의 가지

초판 1쇄 2019년 5월 31일
초판 3쇄 2023년 1월 9일
지은이 박정원 | **편집** 북지육림 | **본문디자인** 운용 | **제작** 명지북프린팅
펴낸곳 지노 | **펴낸이** 도진호, 조소진 | **출판신고** 2018년 4월 4일
주소 경기도 고양시 일산서구 중앙로 1542, 653호
전화 070-4156-7770 | **팩스** 031-629-6577 | **이메일** jinopress@gmail.com

청소년을
위한 **철학
공부**

열두 가지 키워드로 펼치는 생각의 가지

박정원 지음

JINOPRESS

이 책을 읽는 여러분에게

학교와 집, 학원과 도서관을 오가며 숨 돌릴 틈도 없이 보내는 학생으로서의 하루하루……. 조금씩 학업에 지치고 답답한 마음이 들기 시작하는데 그런 고민을 편히 나눌 친구도 시간도 마땅치 않습니다. 힘겨운 하루를 마치고 집에 돌아와 잠을 청하려 해도 잠이 오지 않을 때가 있습니다. 특별히 가족이나 친구들과 사이가 안 좋은 것도 아닌데, 어떤 때는 조용히 혼자 있고 싶고요. 이유 없이 슬프다가 다 싫을 때도 있지요. 나라는 존재도 잘 모르겠고, 내가 무엇을 원하는지도 막막합니다. '왜 모든 걸 잘해야 하지? 도대체 잘한다는 것은 무슨 뜻일까? 과연 나의 행복은 어디에 있지?' 하는 의문과 질문들이 쌓여갑니다.

지금 여러분에게는 편안하게 '한 숨 쉬어가는' 시간이 필요합니다. 나 자신과 타인, 그리고 내가 사는 이 세상을 잠시 돌아보고 허심탄회한 이야기를 나누는 '철학의 시간' 말이지요. 철학은 여러분의 막막한 마음에 작지만 소중한 도움을 줄 수 있습니다. 스스로 질문하고 스스로 답을 찾아가도록 가만히 길을 열어주는 것이죠.

선생님이 철학 수업을 한 지도 어언 15년이 되어갑니다. 여러분 또래의 친구들을 비롯하여 대학생, 일반성인들까지 다양한 연령의 학생들과 여러 주제로 철학 토론을 해왔습니다. 그러면서 반짝반짝 빛나는 순간들을 적지 않게 경험했습니다. 그럴 때면 어김없이 내 안에서 불끈불끈 무엇인가 솟아올랐습니다. 반짝이는 철학의 순간들을 글로 기록해서 더 많은 이들과 함께 나눌 수 있다면 좋겠다고 말이에요. 그래서 이 책『청소년을 위한 철학 공부』를 펴내게 되었습니다.

이 책은 시간과 나, 거짓말, 가족, 규칙, 학교, 원더랜드, 기호와 상징, 추리 놀이, 소유와 주인의식, '화'나는 마음, 성격, 기억과 망각 등 우리의 삶과 떼려야 뗄 수 없는 열두 가지 키워드를 주제로 삼아 여러분이 직접 생각의 가지를 펼쳐낼 수 있도록 구성되었습니다. 시, 소설 등의 문학작품을 비롯하여 영화나 음악, 명화, 조각 등의 예술작품까지 관련 주제를 더 쉽고 재미있게 철학할 수 있도록 했습니다. 키워드 중 어느 것 하나를 먼저 골라 읽어도 괜찮고, 특정한 한 키워드를 중심으로 자신의 질문과 대답을 더 깊게 전개해나가도 좋습니다. 또한 책을 읽으며 새로운 질문이 생길 때마다 메모하며 여러분만의 생각의 가지를 더 넓게 펼쳐보길 바랍니다.

철학은 우리의 마음과 생각 속에서 막히고 복잡해진 것들을 하나하나 풀어가면서 자유로움과 치유를 경험하게 해주는 힘이 있습니다. 일상의 잠시잠깐이라도 이 책을 통해 그런 즐거움을 만끽할 수 있으면 좋겠습니다.

2019년 5월

박정원

차례

들어가는 글 **005**

1장 거짓말

생각의화두 **01**   사람들은 왜 거짓말을 할까? **017**

생각의화두 **02**   거짓말 같은 사실, 거짓말 같은 진실(과학과 종교) **020**

생각의화두 **03**   지어낸 이야기를 모두 거짓이라고 할 수 있을까? **025**

생각의화두 **04**   지도자의 거짓말이 더 위험한 이유는? **029**

2장 가족

생각의화두 **05**   가족의 구성원으로 사는 것도 피곤한 일? **039**

생각의화두 **06**   퇴계 이황의 다사다난한 가족 이야기 **042**

생각의화두 **07**   브람스의 또 다른 가족 이야기 **046**

생각의화두 **08**   가족, 지혜로운 인간관계의 시작 **049**

3장 규칙

생각의화두 **09**   규칙이란 무엇일까? **059**

생각의화두 **10**   안중근을 통해 본 규칙 이야기 **063**

생각의화두 **11**   규칙을 만들 때 중요한 것은? **067**

4장 기호와 상징

생각의 화두 **12**   여자는 외모? 남자는 돈? **077**

생각의 화두 **13**   삶을 축복하고 위로하는 기호와 상징 **079**

생각의 화두 **14**   나는 어떤 기호와 상징일까? **083**

5장 추리 놀이

생각의 화두 **15**   착시와 착각, 그리고 마법! **094**

생각의 화두 **16**   셜록 홈스의 추리 비법 **099**

생각의 화두 **17**   우리가 흔히 저지르는 세 가지 추리의 오류 **102**

생각의 화두 **18**   위험하지만, 아름다운 유비추리 **106**

6장 소유와 주인의식

생각의 화두 **19**   주인이 있는 것, 주인이 없는 것, 주인이 있어서는 안 되는 것 **114**

생각의 화두 **20**   주인이라는 게 뭘까? **118**

생각의 화두 **21**   공소, 나의 이익보다 먼저인 것 **121**

생각의 화두 **22**   권정생 할아버지의 유언장 **125**

7장 '화'나는 마음

생각의 화두 **23**   우리가 '화'나는 이유   135

생각의 화두 **24**   기분과 감정은 수시로 바뀌는 것?   139

생각의 화두 **25**   동양철학에서 화를 다스리는 법   142

생각의 화두 **26**   화를 보듬고 치유해주는 힘의 근원   146

8장 시간과 나

생각의 화두 **27**   시간을 느껴본 적이 있니?   156

생각의 화두 **28**   독일 시인 실러가 시간에 대해 한 말   161

생각의 화두 **29**   시간을 이야기하는 예술작품   165

생각의 화두 **30**   시간과 마음의 관계   169

9장 스콜레, 학교 이야기

생각의 화두 **31**   이미륵의 두 학교 이야기   179

생각의 화두 **32**   지금은 너무 낯선 글자, 한문   182

생각의 화두 **33**   토토가 경험한 새로운 학교   186

생각의 화두 **34**   학교는 스콜레를 누리는 곳   189

10장 원더랜드

생각의 화두 **35**   내게 환상의 나라를 보여줘   200

생각의 화두 **36**   불가사의하고 신비로운 것, 원더랜드는 바로 여기에   203

생각의 화두 **37**   새로운 세계와 익숙한 세계   206

11장 성격

생각의 화두 **38**   성격에 관한 명언들   217

생각의 화두 **39**   나의 성격 마주보기   222

생각의 화두 **40**   개인의 성격, 공동체의 성격   226

12장 기억과 망각

생각의 화두 **41**   어렸을 때의 기억과 트라우마   235

생각의 화두 **42**   안톤 슈낙과 윤동주가 기억하는 것들   237

생각의 화두 **43**   기억을 글로 써보는 연습   240

생각의 화두 **44**   잊어버리는 것도 중요하다   243

나가는 글   249
참고문헌   250

1장

거짓말

철학 수업의 첫 번째 주제는 '거짓말' 입니다. 진짜 거짓말, 하얀 거짓말, 진실같이 보이는 그럴싸한 거짓말, 거짓말 같은 진실까지 한바탕 이야기보따리를 풀어내보려 합니다.

누가 여러분에게 "넌 참 착하구나"라고 말하면 기분이 어떤가요? '너무 착한 건 안 좋다'라고 생각한 적이 있지 않나요? 그이유는 무엇일까요? 너무 착하다는 것은, 좀 바보 같다는 뜻도 있는 것 같아서일까요? 그래서 누가 나한테 착하다고 말하면, 기분이 썩 좋지만은 않습니다.

맞습니다. 요즘은 '착하다'라는 말이 좀 이상하게 사용되고 있는 것 같습니다. '너, 좀 바보 같구나'라는 속마음을 감추고는, "너 참 착하구나"라고 돌려 말하기도 합니다. 그래서 '착하다'는 말을 들으면 진짜 좋은 칭찬만은 아니라고 생각하는 사람들이 많아졌습니다.

그런데 너무 착해서 문제라면, '착하기 때문'이 아니라 '착하기는 한데 지혜롭거나 진실하지는 못하기 때문'은 아닐까요? 사실은 싫은데 겁이 나서 그냥 "좋다"고 거짓말하고, 하고 싶으면서도 마음에 걸려서 그냥 "아니야" 하고 양보하고 말이지요. 그래서 "참 착하다"는 칭찬을 들으면 뭔가 손해 보는 것 같습니다. "착하지?"라고 말하면서 그다음에 무엇을 하라고 하거나 무시당한 적이 있기 때문이지요.

심지어 요즘에는 '착하면 바보'라는 생각까지 은근히 퍼져 있습니다. 그래서 착해 보이지 않는 생각이나 행동으로 '쿨'해 보이려 하기도 합니다. 누가 뭐라 해도 '내 마음대로' 말하고 행동하면 솔직한 사람이 되는 것처럼요. 그러면서 이렇게 생각하죠. '착해 보이는 것은 거짓말이고 거짓 행동이고 거짓 마음이야. 착해봤자 쓸모없고 해롭기까지 해. 남의 눈치나 보게 돼서 원하는 대로 하지도 못해. 착한 것은 거짓이야.'

과연 그럴까요? 논리가 좀 이상하지 않나요? 착한 것 자체만으로는 전혀 잘못이라고 할 수 없습니다. 사실 우리는 이 '착한 것'이 없으면 잠시도 살 수 없습니다. 그런데 왜 사람들은 '착한 것'을 꺼릴까요? '착한 것' 자체가 잘못이 아니고 항상 '착한 것'이 없으면 안 되지만 동시에 '착해 보이는 것'이 거짓이라고 생각하기 때문입니다. 그렇다면, '진짜 착한 것'과 '착해 보이는 것'은 어떻게 다를까요? 우리는 이 두 가지를 어떻게 분별할 수 있을까요? 진짜 착하면 바보일까요?

사람들은 왜
거짓말을 할까?

사람들은 왜 거짓말을 할까요? 솔직히 우리 모두는 늘 조금씩 거짓말을 합니다. 자기도 모르게 하기도 하고 일부러 하기도 합니다. 자존심 상하기 싫어서, 혼나지 않으려고, 싸우기 싫어서, 상대방이 화를 낼까 봐, 내 마음이 편하려고, 수많은 이유들이 있습니다. 그런데 정말 습관적으로 거짓말을 하는 사람들이 있습니다. 이 경우는 거의 정신질환과 같아서 그들은 다른 사람에게 주는 피해를 깨닫지 못하기도 합니다.

김별아 작가의 『거짓말쟁이』라는 동화를 보면, 주인공 여자아이가 자신의 결점을 숨기려고 사소한 거짓말을 합니다. 그렇게 시작한 거짓말이 반복되다가 반 친구들의 믿음을 잃고, 결국 일이 커져버립니다. 사소한 거짓말이라도 일단 시작하면, 탄로 나지 않으려고 또 거짓말을 하게 됩니다.

하지만 이와 달리 '하얀 거짓말white lie'이라는 것도 있습니다. 상대방을 이롭게 할 뿐 피해를 주지 않는 거짓말이라는 뜻입니다. 그럼 반대는 무엇일까요? 검은 거짓말? 새빨간 거짓말? 어쨌든 하얀 거짓말은 '상대방을 배려한다'는 좋은 목적을 가지고 있습니다. 그래서 선의의 거짓말과 같은 뜻으로 사용됩니다. 남의 마음에 상처주지 않으려고, 또는 모두가 행복해지려고 하는 선의의 거짓말 말이지요.

선의의 거짓말하면 떠오르는 이야기가 있습니다. 『마지막 잎새』라는 오 헨리의 단편을 다들 들어보았죠? 병이 들어 낙심한 소녀를 위해 마지막 잎새가 떨어지지 않도록 날마다 잎새를 그려 소녀를 살려냈다는 이야기입니다. 그림으로 그린 거짓 잎새였지만, 소녀를 살리려는 선한 의도를 품은 거짓말이었지요.

그러나 이것도 습관적으로 반복되면 피해가 되지 않을까요? 하얀 거짓말을 열 번 이상 많이 하는 것과 진짜 나쁜 거짓말을 한 번 하는 것 중에 어느 쪽이 더 나쁠까요? 또 하얀 거짓말을 반복해서 말하는 사람과 그런 거짓말을 반복해서 듣는 사람 중 누구에게 더 나쁠까요? 음식의 맛이 형편없는데도 요리해준 사람 앞에서 "무척 맛있다"고만 대답해야 할까요?

음식을 만든 사람이 유명한 셰프이고 값비싼 레스토랑의 주방장이라면 어떨까요? 이와는 정반대로 오랜만에 정성을 다해 집밥을 차려준 친척이라면 어떨까요? 대답이 달라지지 않을까요? 어떤 사람과 어떤 상황에서 어떤 마음으로 음식을 먹는가에 따라 다를 것입니다. 그리고 음식 맛에 대해 제대로 알려줘야 그 사람이 더 나아질 수 있다면 하얀 거짓말도 반드시 좋다고만 할 수 없지 않을까요? 그렇습니다. 하얀 거짓말이라도 습관적으로 반복되면 좋지 않습니다. 어떤 때에는 '불편한 진실'을 똑바로 깨달아야 하지 않을까요?

그렇다고 항상 "진실! 진실!" 하고 외치고 다니면 어쩐지 좀 불편할 것 같기도 합니다. 항상 긴장이 될 것 같고 푸근하고 친근함을 느끼기 어려울 것입니다. 마치 엄한 선생님들로 꽉 찬 교무실로 들어갈 때의 알 수 없는 긴장감, 잘못한 게 있어서 편치 않은 마음이 생기는 것과 같습니다. 여러분 중에도 꼭 이런 친구들이 있을 거예요. 무슨 말만 하면 "그거 진짜야? 믿을 수 없어!"라고 말하고 의심하고 꼬치꼬치 따지고 드는 친구 말입니다.

하얀 거짓말도 일단 거짓말이라는 것을 알게 되면 다음부터는 의심을 하게 됩니다. 과연 내가 지금 알고 기억하고 배운 것, 내가 맞는다고 생각했던 것 중에 착각했거나 잘못 알고 있었던 것은 없었는지 말이지요. 그리고 내가 배운 것과 실제로 체험한 것이 다르면 어떤 것이 거짓말일까요? 의심이 생기는데도 무조건 '올바르다'고 믿으라고 하면 은근히 반발심이 생기기 시작하지요. '혹시 거짓말이 아닐까?' 하고 말입니다. 여러분은 어떤가요?

거짓말 같은 사실,
거짓말 같은 진실 (과학과 종교)

여러분은 밤하늘의 별을 바라보며 미래를 예언하던 옛날 사람들의 얘기를 들어본 적이 있지요? 점성술사라고 불렸던 그들이 사기꾼처럼 아무렇게나 생각하고 내키는 대로 예언한 사람들이라고 볼 수는 없습니다. 그들도 여러 가지 근거들을 가지고 있었습니다. 하지만 좀 더 그럴 듯한 근거를 찾은 사람들이 과학자들입니다. 밤하늘 별들의 움직임을 오랜 시간 동안 관찰하고 계산해서 그 안에 숨은 법칙들을 발견한 과학자들이 천문학자들이고요.

여러분의 부모님이 아직 어렸던 1970년대 후반 미국 텔레비전에서 인기리에 방영한 프로그램이 있습니다. 칼 세이건의 『코스모스』라는 책을 영화로 만든 프로그램이었지요. 지금도 여러분이 도서관에서 빌려 볼 수 있고 책으로도 읽어볼 수 있답니다. 이 프로그램은 당시에 엄청난 시청률을 올렸습니다. 그때는 인공위성과 우주선을 처음으로 쏘아올리고 그런 일들이 아주 멋지고 신기하게 보였던 시대였거든요.

과학자들은 거짓과 참을 밝혀내는 가장 강력한 방법을 가지고 있습니다. 바로 '관찰과 증거'입니다. 과학적 추리에 관한 내용은 이 책 중간쯤에서 자세히 다룰 거예요. 지금은 이것 하나만 분명히 알고 있으면 됩니다. 과학자들은 관찰과 증거로만 거짓과 참을 밝힐 수 있다고 굳게 확신합니다. 과학자들이 제일 싫어하는 태도는 증거 없이 무조건 믿는 것입니다.

옛날 사람들은 관찰과 증거를 몰랐습니다. 그래서 지구가 태양의 둘레를 도는 게 아니라 태양이 지구를 돌고 있다고 믿었습니다. 하지만 갈릴레이와 케플러 같은 과학자들 덕분에 그것은 거짓된 믿음으로 밝혀졌습니다. 과학자들은 증거를 찾고 더 정확히 관찰하려고 노력합니다.

과학자들은 어떤 현상에 대해 '임시적인 설명(가설)'을 만듭니다. 우리도 똑같이 따라해볼 수 있어요. 아직 확실히 밝혀지지 않은, 잘 모르는 현상을 보고 이런저런 설명을 일단 그럴 듯하게 만들어보는 것입니다. 그러나 과학자들은 거기서 멈추지 않고 반드시 눈으로 관찰해 확인할 수 있는 '증거'를 찾으려고 합니다. 이것이 발견되느냐 발견되지 않느냐에 따라 참과 거짓이 결정됩니다.

그런데, 이 증거가 문제입니다. 어떤 것은 증거로 인정받지만 그렇지 못한 것들도 많답니다. 과학자에게 산타 할아버지가 진짜로 있다고 말하고 증거로 자기가 받은 비밀 선물을 보여준다면 뭐라고 대답할까요? 그건 증거가 될 수 없다고 말할 거예요. 비밀 선물은 산타 할아버지가 아닌 다른 사람도 줄 수 있으니까요.

하지만 이렇게 말하면 어쩐지 좀 마음이 찜찜한 구석이 생깁니다. '뭐라고? 눈으로 확인할 수 있는 증거가 없다면 모조리 거짓말이라는 거야? 그건 아니잖아.' 그렇습니다. 여러분이 교회나 성당, 절에 가면 흔히 들을 수 있는 이야기들이 있지요? 빵 다섯 개와 물고기 두 마리로 오천 명을 배불리 먹였다는 이야기, 죽음의 위기에서 기적처럼 신의 도움으로 살아난 이야기 등입니다.

칼 세이건의 『코스모스』가 인기를 끌었던 것처럼, 비슷한 때에 미국 사람들이 즐겁게 보던 뮤지컬이 있었습니다. 바로 성서의 요셉이 주인공으로 등장하는 〈요셉 어메이징〉입니다. 〈오페라의 유령〉, 〈캐츠〉 등 인기 있는 뮤지컬들을 만든 앤드류 로이드 웨버가 고등학생이었을 때 동창 친구인 팀 라이스와 함께 성서의 내용을 가지고 만든 노래극이지요.

수십 년 동안 이 뮤지컬은 영국과 미국에서 아주 인기가 많았답니다. 유튜브에서 〈Any Dream Will Do〉를 검색해보면 얼마나 많은 사람들이 이 노래를 불렀고 또한 요셉 이야기를 좋아하는지 알 수 있습니다. 기독교를 믿는 사람들에게 요셉은 슈퍼스타 같은 존재 즉, 불가능을 가능으로 절망을 희망으로 바꾼 영웅입니다. 〈요셉 어메이징〉은 주인공 요셉이 수많은 역경을 이겨내고 최고로 멋진 사람이 되어 자기를 질투하고 배신하고 팔아넘긴 형제들까지 사랑으로 용서하는, 인간 승리의 기적과 신의 사랑을 노래하는 이야기입니다.

이 이야기에서 요셉은 사람들의 꿈을 풀이해서 그 사람들과 국가의 미래를 정확하게 예측할 수 있는 신비한 능력을 가진 사람으로 나옵니다. 하지만 과학자의 눈으로 보면 어떨까요? 신의 도움으로 목숨을 건지고 꿈을 해몽하는 능력으로 나라의 큰일을 책임지는 직책을 맡는다는 것은 믿기 어려운 일입니다. 하지만 신앙을 가진 종교인의 눈으로 보면 요셉 이야기는 거짓말이 아닙니다. 기적은 존재하는 것이지요. 눈으로는 확인할 수 없지만 내 마음을 완전히 알고 있는 존재가 있다는 것을 믿기 때문에 과학자들의 태도에 고개를 가로젓는 것입니다.

그런데 이렇게 질문하는 친구도 있겠지요? "난 과학도 좋아하고요, 엄마아빠와 함께 성당도 열심히 다녀요. 두 가지 다 거짓이 아니라고 하면 안 되나요?" 그렇습니다. 종교인들의 믿음이 거짓이라고 쉽게 말해버릴 수는 없습니다.

우리는 지금 굉장히 중요한 이야기를 하고 있답니다. 사실이 문제에 관해서는 아직까지 어느 한쪽이 다른 한쪽을 완전히 이기지 못하고 있습니다. 과학적으로 모든 것을 설명할 수도 없고 종교적으로 모든 것을 설명할 수도 없다고 말하는 편이 지금으로서는 최선일 거예요. 여러분도 곰곰 생각해보길 바랍니다.

지어낸 이야기를 모두
거짓이라고 할 수 있을까?

'이야기'는 거짓말일까요? 진실일까요? 아니면 진실이 담긴 거짓말일까요? 거짓말 같지만 진실일까요? 연습 삼아 '이야기 짓기' 놀이를 해볼까요? 잠시 눈을 감고 가만히 있어봅니다. 여러분이 이제까지 읽었던 수많은 이야기책이 있을 거예요. 줄거리들을 하나씩 떠올려볼까요? 조금 더 눈을 감고 가만히 있어보세요.

이제 새로운 이야기를 하나 떠올려보세요. 짤막한 이야기를 하나 지어보는 겁니다. 책에서 읽은 내용을 서로 조금씩 섞어도 좋고 완전히 새로운 내용을 지어내도 됩니다. 단, 한 가지 조건이 있습니다. 얼렁뚱땅 이야기를 만들지 말고 반드시 작은 것이라도 '진실'이 담긴 이야기를 지어보는 것입니다.

갑자기 해보려니 어렵다고요? 그렇다면 먼저 '진실'이 담긴 두 가지 이야기를 들려줄게요. 하나는 동양 사람이 지은『바리공주』이고, 다른 하나는 서양 사람이 지은『노란 손수건』입니다.

『노란 손수건』은 불행한 일로 감옥에 오래 있다가 드디어 집으로 돌아오는 중년 남자와 그의 아내 이야기입니다. 진실한 사랑이 담긴 이야기죠. 오랫동안 집을 비웠던 남자는 아내에게 아직도 자기를 기다린다면 집 옆 나무에 노란 손수건을 매달아달라고 미리 말해둡니다. 그리고 노란 손수건이 매달려 있지 않다면 그냥 지나치겠다고 마음먹습니다.

집으로 가는 버스 안의 젊은이들은 피크닉을 가는 길이어서 즐겁게 노래를 부르며 와자지껄 떠들고 있습니다. 하지만 한쪽 구석에 조용히 앉아 있는 어두운 표정의 남자는 긴장해 땀을 흘리며 고개를 숙이고 있습니다. 버스에서 젊은이들은 그 남자의 사연을 듣고 함께 걱정해줍니다. 드디어 집이 보이고, 나무가 보입니다. 과연 노란 손수건은 매달려 있었을까요?

『바리공주』 이야기는 아름다운 우리나라 전래 설화입니다. 백설공주 이야기는 잘 아는데 바리공주 이야기는 잘 모른다고요? 이 이야기는 부모와 자식 간의 진실한 사랑이 담긴 이야기입니다. 아주 먼 옛날, 임금 부부는 왕국을 물려줄 아들을 낳으려고 했지만 계속 딸만 낳게 됩니다. 그래서 일곱 번째로 낳은 바리공주를 버립니다. 바리공주는 이름 모를 장소에서 가난한 부부에 의해 길러집니다. 그러나 바리공주는 자기를 버린 부모가 병이 들었다는 소식을 전해 듣고 부모를 낫게 해줄 '생명의 물'을 구하러 어렵고 힘든 길을 떠납니다.

생명의 물이 어디에 있는지, 또 어떻게 구할 수 있는 것인지도 모른 채 무작정 떠납니다. 어렵고 고된 시련을 통과하여 마침내 생명의 물을 구합니다. 임금 부부는 자기들이 버린 딸이 구해온 생명수를 마시고 병이 낫습니다. 그리고 그제야 바리공주를 받아들이고 후계자로 삼으려 합니다. 그런데 바리공주는 거절한답니다. 왜일까요?

이런 이야기들은 한 번만 대충 재빨리 읽기보다는 몇 번 정도 반복해 천천히 읽어보세요. 그러면 신비로운 것을 깨닫게 된답니다. 아주 소중한 것을 찾아 멀리 헤매며 다녔는데 결국 그것이 내 안에, 우리 안에 있다는 것, 그런 진실들을 알게 해주는 멋진 이야기예요. 파랑새 이야기가 떠오른다고요? 그보다 더 깊은 지혜가 들어 있답니다. 그게 무엇인지 한번 찾아보세요.

『노란 손수건』이라는 책은 여러분의 부모님, 아니 할아버지 할머니가 어렸을 때부터 읽었던 책이랍니다. 새로 나온 이야기책도 좋지만, 이렇게 오래전에 만들어져서 많은 사람들이 어렸을 때부터 즐겨 읽고 또 그 자식들에게 권하는 이야기책도 참 좋습니다.

오래되었다는 것은 매우 중요하고 때로는 진실과 거짓을 판단하는 기준이 되기도 합니다. 왜냐고요? 시간을 이겨냈기 때문입니다. 잠깐 인기를 얻었다가 잊히는 것이 아닌 이야기, 오래오래 수많은 사람들에 의해 계속 읽히고 기억되는 이야기들은 진실이라는 멋진 선물을 우리에게 안겨준답니다.

읽고 또 읽어서 거의 외우다시피 하지만 여전히 또 펼쳐보고 아끼는 그런 이야기책, 여러분도 그런 책이 있지 않나요? 그 낡은 모습까지 정답고 믿음이 가지 않던가요? 여러분도 학교 도서관이나 동네 도서관에서 이런 낡은 멋진 책을 발견하는 지혜를 가지면 좋겠습니다. 여러분에게 평생 힘이 될 지혜가 될 것입니다. 그것은 좋은 책을 발견하고 내 것으로 만드는 능력입니다.

지도자의 거짓말이
더 위험한 이유는?

수많은 사람들을 위해 봉사해야 하는 위치에 있는 정치 지도자가 국민들에게 거짓말을 할 경우, 그 피해를 어떻게 막을 수 있을까요? 지도자들이 거짓말을 쉽게 할 수 없도록 국민이 지혜로워야 합니다. 거짓을 금방 가려내는 능력을 갖추고 있다면 피해가 크지 않을 것입니다. 그러나 안타깝게도 그렇지 못한 경우가 적지 않습니다. 이유가 무엇일까요?

독일의 정치 지도자 두 사람을 비교해볼까요? 히틀러와 메르켈입니다. 정치 지도자가 하는 말이 거짓인지 아닌지 금방 알기는 어렵습니다. 지도자의 말이 거짓이 아니라고 굳게 믿는 사람들이 많을수록 냉정하게 확인하는 일을 못하기 때문입니다. 또한 수많은 정치 지도자들은 자신의 말이 거짓이라고 절대 생각하지 않습니다. 적어도 거짓말처럼 느낀다 해도 스스로 인정하는 경우는 매우 드물지요.

수십 년 전 유럽에서 제2차 세계대전이 일어났을 때, 적지

거짓말

않은 유럽인이 유대인 때문에 자신들이 피해를 본다고 생각했습니다. 히틀러는 유대인이 사라져야 독일이 산다고 주장했습니다. 많은 독일인이 그 말을 완전히 거짓이라고 생각하지 않았습니다. 그전의 전쟁에서 진 독일은 가난했고 독일 국민들은 힘들게 살고 있었습니다. 하지만 유대인 중에는 부자가 많았습니다. 독일인들은 히틀러의 거짓 연설에 마음이 흔들렸습니다. 결과는 어떻게 되었을까요? 히틀러의 위험한 거짓말은 수많은 유대인들이 강제수용소로 끌려가 죽게 했습니다.

하지만 그로부터 수십 년이 지난 지금도 독일의 총리 메르켈은 독일이 유대인들을 죽인 일이 아주 큰 전쟁범죄였음을 공개적으로 고백하고 사과했습니다. 그리고 독일이 다시는 그러한 잘못을 저지르지 않겠다고 독일인들에게, 또 주위 여러 나라들에게 계속 강조하고 조심하고 있답니다. 늦었지만 다행이기는 합니다. 보통 사람의 작은 거짓말도 그 피해가 다른 사람에게 미치는데, 한 나라를 대표하는 정치 지도자가 국민에게 거짓말을 하면 그 해는 엄청날 수 있습니다.

그런데 독일과 달리 우리나라를 강제 식민지로 만들고 오랫동안 괴롭혔던 일본의 정치 지도자들은 피해와 전쟁범죄를 있는 그대로 인정하지 않았습니다. 그들은 제대로 사과하지 않고 계속 "그런 사실이 없다"고 거짓말을 하고 있습니다. 식민지에서 어떤 삶을 살아야 했는지 여러분은 상상할 수 있나요?

아마도 학교에서 배워서 안 것들, 책을 통해 본 것들이 적지 않겠지만, 실제로 그 시대를 살았던 우리의 할아버지와 할머니, 아니 더 거슬러 올라가야겠네요. 증조할아버지와 증조할머니가 어떤 삶을 살았는지 들으면 가슴이 아프다 못해 두 주먹이 불끈 거립니다. 일본이 전쟁을 치르기 위해 우리나라의 젊은이들을 일터로 전쟁터로 끌고 갔던 이야기도 들을 수 있습니다.

독일의 정치 지도자들과 달리 일본의 정치 지도자들은 왜 진정한 사과를 하지 않을까요? 여러 이유들이 있을 것입니다. '그래도 괜찮다'는 자만심이 아직 있기 때문이 아닐까요?

지도자들이 거짓을 계속 고집하거나 주장한다면 국민도 무의식중에 진실로 믿게 됩니다. 여러분도 그렇지 않나요? 정부의 이야기를 들으면 잘못의 분명한 자료가 있거나 사실 확인이 된 것 같지도 않은데 다른 나라 사람들이 계속 끈질기게 "너희가 잘못했어, 잘못했어" 하고 말하면 기분이 나쁠 뿐 아니라 그런 비난을 인정하기 싫어지겠지요?

지금 일본의 많은 국민들이 이런 마음일지 모릅니다. "우리 일본이 한국한테 뭘 그렇게 잘못했다고 자꾸 그러죠? 정부에서는 잘못한 일이 없다고 하잖아요? 자꾸 잘못했다고 사과하라고 하면 기분이 나쁩니다!" 어떤가요? 진실을 바로 보지 못하는 이

상황이 참으로 안타깝지 않은가요? 그만큼 지도자의 거짓말은 위험합니다.

그래서 더더욱 지도자의 위치에 있는 사람일수록, 자신과 국민에게 정직할 수 있는 마음이 꼭 필요하답니다. 거짓말을 하지 않고 진실을 인정하기 위해서는 지혜뿐 아니라 용기도 따라야 하는 것이지요.

일본의 정치 지도자 중에는 역사를 정직하게 보고 우리나라에 대해 사과한 사람도 있습니다. 그러나 독일에 비해서 이런 사람들의 영향력이 크지 않습니다. 어쩌면 우리나라 정치 지도자들의 태도가 더 바뀌어야 할 필요도 있습니다. 지도자는 더욱 무거움 책임감을 가져야 합니다.

뭐라고요? 어떻게 하면 정치 지도자가 될 수 있냐고요? 어떻게 하면 국회의원이 될 수 있냐고요? 나는 먼저 여러분이 이렇게 질문하면 좋겠습니다. 어떤 사람이 정치 지도자가 되어야 할까요? 거짓말을 함부로 하는 사람에게 지도자의 자격이 있을까요?

거짓말에 관하여 생각해보았습니다. 첫째, 사람들이 거짓말을 하는 이유는 무엇일까? 대부분은 '자기 이익' 때문입니다. 물론 상대방을 배려하는 하얀 거짓말도 있습니다. 하지만 이것도 반복되면 좋지 않습니다. 둘째, 참과 거짓의 기준은 무엇일까? 과학에서는 참과 거짓을 구분하는 기준이 관찰과 증거입니다. 그러나 이것만이 참된 진실의 유일한 기준이라고 볼 수는 없습니다. 예를 들어 종교에서 말하는 진실은 참과 거짓으로 구분할 수 없는 내용입니다. 셋째, 지어낸 이야기를 모두 거짓이라고 할 수 있을까? '참된 진실'을 품은 이야기가 있습니다. 삶의 진실을 전달하기 위해 '이야기'가 필요할 때가 있습니다. 넷째, 한 나라를 이끌어가는 정치 지도자의 거짓말은 더 위험할까? 수많은 유대인을 죽인 독일의 히틀러와 진정한 사과를 한 메르켈의 반대되는 태도를 보면서 정치 지도자의 거짓말은 더 위험하다는 것을 알 수 있었습니다.

이제까지 읽으면서 궁금한 점이 생겼나요? 더 알아보고 싶고, 더 읽어보고 싶은 내용이 생겼나요? 그렇다면 여러분만의 철학하기 질문 수첩에 써두세요. 이왕이면 질문이 떠올랐던 때, 연도와 월일까지 함께 기록해두기 바랍니다. 학교에서 쉬는 시간에도, 친구들과 놀 때에도, 문득 하늘을 보거나 자전거를 타고 있을 때, 그리고 하루 일과를 마치고 잠자리에 들기 전에도, 불쑥불

쑥 떠오르는 질문들이 있을 거예요. 아무리 엉뚱해도 좋습니다. 적어보고 기억해두세요. 그리고 답을 찾아보세요.

당장 답을 찾지 못해도 괜찮습니다. 여러분만의 질문을 생각해보는 그 자체가 중요하답니다.

2장

가족

두 번째 철학 수업의 주제는 '가족'입니다. 가족의 사랑을 주제로 삼은 영화나 드라마, 소설은 많습니다. 해마다 연초면 우리나라의 큰 명절인 설이 있고, 가을이 되면 추석 명절이 있지요. 가족과 친척이 모입니다. 또 한 해의 중요한 기념일들 중 절반 이상은 가족들의 생일로 채워집니다.

소중한 가족은 나의 영원한 의지처입니다. 하지만 문득 혼자 조용히 있는 시간을 꿈꾸기도 합니다. 초등학교를 갓 입학한 어린 시절이었으면 모를까, 이제는 가족과 함께 모든 생활을 하는 게 때로는 어렵습니다. 반드시 좋지만은 않다고 느끼기 시작합니다. 오빠나 형, 언니나 누나와 사소한 다툼도 많아지고, 동생이 말을 잘 듣지 않으면 화가 나기도 합니다. 그래도 엄마나 아빠는 항상 강조합니다. "사이좋게 지내라." 그러지 않으면 잔소리를 듣기 십상입니다.

외동이면 홀가분할까요? 반드시 그렇지도 않습니다. 이기적인 아이라는 소리를 듣지 않게 하려고 더욱 다른 사람들과 '함께' 지내게 합니다. 하지만 점점 혼자서 내 마음대로 시간을 보내고 싶어지는 걸 어쩌지요? 어른들도 혼밥족, 혼술족이 늘어난다는데, 나도 간섭을 받지 않는 혼자만의 생활을 상상해보기도 합니다. 가족과 떨어져 혼자 있고 싶은 나, 이런 나는 이상한 걸까요?

가족의 구성원으로 사는 것도 피곤한 일구

가족이란 무엇일까요? 가족과 같은 뜻으로 쓰이는 식구는 밥 식食과 입 구口를 합한 말입니다. 밥을 함께 먹는다는 뜻이에요. 간단한 것 같지만, 이게 꽤 중요하답니다. 우리가 낯선 사람들을 만났다고 해볼까요? 서먹한 분위기를 없애는 가장 좋은 방법은 '함께 밥을 먹는 것'입니다.

요즘 혼자 밥 먹기를 즐기는 사람이 늘고 있다지만 그래도 역시 맛있는 음식을 '함께 먹는' 즐거움이 여전히 크겠지요. 사실 낯선 사람과 머리를 맞대고 밥을 먹는 것은 차라리 혼자 먹기보다 불편한 일입니다. 요즘에는 좀 줄었다고 하지만 회사를 경영하는 사람들은 직원들의 단합을 위해 회식을 더 많이 하고 싶어합니다. 회사는 너도 나도 '우리는 한 가족과 같은 존재'라고 광고합니다. 뭐니 뭐니 해도 가족은 함께 살고 일상적으로 밥을 함께 먹는 사이인 것이죠. 물론 요즘에는 가족이 모두 모여 집밥을 먹는 일이 힘들어졌습니다. 서로 시간이 맞지 않고 바쁩니다. 가

가족

족들이 모두 일하고 있으면 더 그렇습니다. 그래서 어떤 가족은 아빠가 아침을 차려서 아이들과 함께 먹으려고 합니다. 그렇게라도 대화를 나누는 시간을 만들려는 것이죠.

하지만 우리는 가족과 아무리 친해도 나만의 비밀을 간직하고 싶고 나만의 시간과 공간을 갖고 싶어 합니다. 또 아무리 가까워도 도움을 주고받을 수 없는 일도 있습니다. 그런데 나와 아주 다른 환경에서 다른 방식으로 사는 친구에게는 가족에게 하지 못한 이야기를 나누기도 합니다. 혹시 여러분은 〈그렇게 아버지가 된다〉라는 영화를 아나요? 이 영화는 가족이 혈연으로 맺어지지 않더라도 '서로 사랑하고 아끼며 항상 관심을 갖고 있는 관계'라는 메시지를 전합니다. 이와는 반대의 메시지를 전하는 영화도 있답니다. 바로 〈올리버 트위스트〉입니다. 멀리 떨어져 있고 전혀 모르는 사이로 살더라도 '피는 못 속이는 법'이어서 가족이 서로를 알아보고 서로 같은 점을 발견하게 된다는 이야기입니다.

가족은 나와 같기도 하지만 다르기도 합니다. 가족의 일원으로 서로 이해하고 사랑하고 관심을 가지고 살아가는 일이 언제나 쉽지는 않습니다. 가족은 부모와 자식, 형제와 자매로 이루어진 관계입니다. 그만큼 가깝고 친밀하지만 한 번 오해가 생기거나 관계가 힘들어지면 서로한테 상처를 받습니다. 상처가 깊어져서 쉽게 낫지 못하기도 합니다.

우리는 항상 가족을 소중히 생각해야 한다고 배웁니다. 그런데 왜 그래야 할까요? 과연 가족이 무엇이기에 소중히 여기는 것이 중요할까요? 여러분의 가족은 어떤가요?

퇴계 이황의
다사다난한 가족 이야기

퇴계 이황은 세계적으로도 유명한 조선시대의 성리학자입니다. 여러분도 이름을 들어본 적이 있을 거예요. 퇴계 이황을 존경했던 후대의 성리학자 이익과 안정복은 스승 퇴계의 글과 말을 간추려 『이자수어李子粹語』(이광호 엮음, 예문서원, 2010)라는 책을 엮었습니다. 이 책에는 퇴계 이황이 자신의 가족에 대해 말한 부분이 다음과 같이 나와 있습니다.

(한 제자가) 물었습니다. "형제에게 잘못이 있다면 그에게 잘못했다고 말해주어도 될까요?" 퇴계가 대답하셨습니다. "이 문제야말로 처리하기 가장 어려운 일입니다. 나의 마음의 진심과 정성을 아주 크고 깊게 해서 형제를 감동시켜서 스스로 깨닫도록 한 이후에 그 잘못을 말해야 형제간의 우애를 해치지 않게 될 것입니다. 나의 진심과 정성이 인정받지도 못하면서 말만 가지고 바로잡으려고 비판한다면 형제간의 사이가 나쁘게 되지 않는

경우가 드물 것입니다. 공자께서 '형제는 화목하여 즐겁게 어울려야 한다'고 말씀하신 것은 진실로 이것 때문입니다."

내 마음의 진심과 정성을 아주 크고 깊게 해서 형제의 마음을 감동시켜 깨닫게 한 이후가 아니라면 아무리 옳은 말을 한다 하더라도 서로 자존심과 감정만 상하게 되어 오히려 사이가 나빠질 수 있다는 말입니다.

여러분도 오빠나 언니, 누나나 형이 잔소리하거나 뭐라고 말하면, 설사 그 말이 틀리지는 않아도 왠지 자존심이 상하고 얄미울 때가 있지요? 아직은 서로 싸워도 또 금방 화해할 수 있는 나이이지만, 어른이 되었을 때에는 사소한 말 한마디나 행동이 기분 나쁠 수 있습니다. 그래서 퇴계 이황은 그렇게 충고한 거랍니다.

그럼 여러분은 이런 질문을 할지도 모르겠네요. 내가 슬프거나 화가 나 있다면 가족을 잘 대하기가 힘들지 않나요? 자, 다시 퇴계 이황의 말에 귀를 기울여볼까요?

나는 두 번째 장가를 들어서는 한결같이 매우 불행하였습니다. 그러나 그렇다고 감히 마음을 인색하게 품고 있지 않고 열심히 착하게 행동하려고 노력한 것이 거의 수십 년이 되었습니다. 그동안 마음이 번거롭고 생각이 어지러워 근심을 이기지 못한 때도 있었습니다. 하지만 어떻게 감정에 좇아 인간의 도리를 소홀히 하여 홀어머니께 걱정을 끼칠 수 있겠습니까? "아버지는 자식의 마음에 들 수 없다"고 '질운'이라는 사람이 한 말은 참으로 도리를 어지럽히는 나쁜 말입니다.

퇴계 이황은 21세에 결혼했지만, 6년째 되던 해에 부인이 둘째아들을 낳은 지 한 달 만에 세상을 떠납니다. 3년 후 퇴계 이황은 재혼을 하게 되지만 이번에는 부인의 집안이 폭군으로 알려져 있는 임금인 연산군에게 처형을 당하고 멀리 귀양 간 처지가 됩니다.

둘째 부인은 가족의 불행에 충격을 받고, 요즘 말로 하면 정신병을 앓게 된답니다. 그렇게 병으로 고생한 둘째 부인도 17년 후에 세상을 떠나지요. 어떤가요? 한 남자의 결혼생활이 참 힘겨웠던 상황이에요. 그러니 퇴계 이황이 앞에서 말한 대로 어찌 마음이 번거롭고 생각이 어지러워 근심을 이기지 못한 때가 없었겠어요?

퇴계 이황 같은 훌륭한 학자도 까딱 잘못 생각하면 자신의 어려운 처지를 한탄하며 낙심과 절망에 빠질 수 있었겠지요. 그러나 도리를 굳게 믿고 그것을 삶의 기준으로 삼아 항상 스스로를 새롭게 발전시켰답니다.

자신에게 어떠한 고통과 인생의 근심이 와도 자신만의 불행으로 간주하고 고독해하지 않았어요. 오히려 홀어머니를 걱정하고 도리를 어지럽히는 말들을 경계하라고 하지요. '질운'이라는 사람의 "아버지는 자식의 마음에 들 수 없다"는 말은, "엄마와 아빠는 내 맘에 들지 않아!"라는 말과 다르지 않습니다. 이런 생각은 잘못되었다는 말을 한 것입니다. 부모님은 부모님 나름대로 생각과 뜻이 있습니다. 설사 자식에게는 그것이 마음에 들지 않는다 해도 부모님의 생각과 뜻을 존중해야 한다는 거죠.

　　퇴계 이황이 머물던 안동의 도산서원을 들어봤지요? 한쪽에 책을 넣어둔 곳, 서재 같은 곳의 이름을 퇴계 이황이 뭐라고 썼을까요? 바로 '광명실光明室'입니다. 지혜의 빛, 아름다움의 빛, 진리의 빛, 착한 빛, 이런 온갖 좋은 빛들이 있는 곳이라는 뜻이죠. 광명실에서 책을 읽고 학문적 이치를 탐구하면서 자신의 삶을 되돌아보는 수양 활동이 있었기에 퇴계 이황은 가족의 불행과 괴로움, 슬픔을 자신과 하나로 여기면서도 그것을 극복할 수 있었을 것입니다.

브람스의
또 다른 가족 이야기

이번에는 음악가였던 브람스의 가족 이야기를 해볼까요? 브람스는 어린 시절부터 가난 때문에 부모가 화목하지 못한 것을 보고 자랐습니다. 브람스 자신도 생계를 위해 음악 연주 아르바이트를 어릴 때부터 해야 했어요.

브람스는 21세 때 〈피아노 소나타 3번〉을 작곡했고, 이 곡을 들은 그의 스승 슈만이 감탄했습니다. 슈만은 브람스를 세상에 알리려고 「새로운 길」이라는 글을 쓰게 된답니다. 브람스의 〈피아노 소나타 3번〉을 듣고 있으면 힘찬 모습과 명상에 잠긴 모습이 한꺼번에 느껴진답니다. 조용한데 힘찬 모습, 이 두 가지가 '동시에' 느껴지죠. 어느 한쪽에 치우쳐 있지 않아요.

힘찬 모습만 있다면 좀 으스스하지 않겠어요? 반대로 너무 조용히 명상에만 잠겨 있으면 좀 심심하지 않겠어요? 그런데 이 두 가지가 한꺼번에 적당히 있으니 훌륭하고 멋있게 느껴지는 것이죠. 특히 젊은 청년 브람스는 이 피아노 작품 2악장에 다음과 같은 시 테르나우Sternau의 시를 붙여놓았다고 해요.

저녁이 되어 날은 어두워지고 달빛은 그 어둠을 비추고 있다.
그곳에서 두 사람의 마음은 사랑 안에서 하나가 된다.
행복에 겨운 공기가 그들을 껴안듯 에워싸고 있다.

어떤가요? 젊은 시절에 브람스가 쓴 작품을 보면 마냥 행복하고 사랑스러운 모습이 상상되지 않나요? 사랑하는 연인과 행복한 가족을 이루어 살기를 원하는 모습이 그려집니다. 하지만 브람스는 결혼하지 않았고 평생 독신으로 살았습니다. 물론 베토벤처럼 결혼하고 싶었는데도 상대 여성이 귀족층이어서 결혼을 할 수 없었던 것은 아니에요. 브람스는 결혼하지 않았지만 스승이었던 슈만의 가족을 자신의 가족처럼 헌신적으로 돌보았습니다.

브람스를 세상에 처음으로 알린 스승 슈만은 불행히도 정신병을 앓다가 스스로 목숨을 끊고 말았답니다. 브람스는 슈만의 부인이면서 자신보다 나이가 훨씬 많은 피아니스트 클라라와 일곱 명이나 되는 자녀들을, 마치 자신의 책임인 듯 잘 돌보았습니다. 그리고 그들을 위해 음악작품을 쓰기도 했습니다. 그러다가 브람스의 어머니와 클라라가 연이어 세상을 떠나고 맙니다.

브람스는 사랑하는 가족을 잃은 슬픔을 어떻게 견뎠을까요? 죽은 사람의 영혼을 위로하고, 슬픔을 안고 살아가는 남은 가족의 영혼을 위로하는 음악작품을 만들면서 견뎌냈을 것 같아요. 죽은 사람이나 살아 있는 사람 모두의 영혼을 위로하는 음악을 '진혼곡(레퀴엠)'이라고 한답니다.

독실한 종교인이었던 브람스는 음악작품에 평소 즐겨 읽던 성경 구절을 넣었습니다. 그 내용이 슬픈 마음을 위로해준답니다. 그는 음악에 슬픔, 분노, 허무의 감정도 넣었지만 마지막에는 '사랑과 생명의 힘'으로 끝맺습니다.

가족,
지혜로운 인간관계의 시작

여러분은 부모님이 어떻게 만나서 서로 사랑하고 결혼했는지 들어본 적이 있나요? 엄마와 아빠가 최소한 20년이 넘도록 서로 모르는 남으로 살았다는 점을 생각해본 적이 있나요? 한번 상상해보세요. 엄마와 아빠는 여러분이 세상에 태어난 후부터 지금까지 항상 여러분의 엄마이고 아빠였으니 상상하기 어려울지도 몰라요. 하지만 엄연한 사실이랍니다.

엄마와 아빠는 전혀 다른 남남이었어요. 그런 남남이 결혼을 약속하고 가족을 이루어 평생 함께 살기로 한 거예요. 가만히 생각해보면 아주 놀라운 일입니다! 여러분은 친하게 지내는 친구가 있고, 그 친구집에 놀러가서 하룻밤을 함께 잘 수도 있습니다. 하지만 그 친구와 매일 함께 살기로 '약속'하기는 쉬운 일이 아니잖아요. 여러분은 오빠나 언니, 누나나 형과 동생들과 남으로 만나지도 않았고 뭔가를 약속하지도 않았어요. 하지만 엄마와 아빠는 여러분과 '가족'을 창조해낸 거예요.

서로 알지도 못하는 남으로 지내다가 '가족'을 이루기로 약속한 후에 엄마와 아빠는 여러 어려움을 이겨내고, 아름답고 화목한 관계를 이루려고 노력해온 것이랍니다. 이 점을 조용히 혼자 생각해보면 어떤 기분이 들까요? 모든 것이 '당연한' 것이 아니라는 느낌을 가져볼 필요가 있습니다.

앞에서 우리는 사랑하는 가족을 갑자기 잃은 슬픔에 대해 생각해보았습니다. 사실 가족의 소중함, 화목하게 지내는 가족 이야기 등은 하도 많이 들어서 별로 새롭지 않을 수도 있어요. 그런데 이게 전혀 당연한 것이 아니라 누군가가 날마다 애쓰고 노력하고 보호하고 관심을 기울이는 관계라고 생각하면 어떨까요? 갑자기 뿌듯한 고마움이 느껴질지도 모릅니다.

지금부터라도 엄마와 아빠가 서로 어떻게 대화하는지 관찰해보세요. 어쩌면 여러분이 앞으로 만나게 될 수많은 인간관계, 그 관계를 지혜롭게 맺어나갈 수 있는 멋진 팁을 얻을 수도 있답니다. 엄마한테 또 아빠한테 질문을 할 수 있다면 좋겠습니다. 가족을 꾸려나가는 멋진 이야기 속에 담긴 깊은 마음을 볼 줄 알면 더욱 좋겠고요.

이런 연습을 한 번 두 번 해보면, 어느새 사람의 속마음을 헤아릴 줄 알고 이해할 줄 아는 사람이 될 거예요. 가족이란 결코 당연한 관계, 변치 않는 관계가 아니랍니다. 우리가 가족의 일원으로 살아간다는 것은 멋진 일입니다. 지혜로운 인간관계를 맺어가는 연습을 할 수 있는 곳이에요.

여러분은 이제 점점 가족이나 친구와는 다른 혼자의 생각, 혼자의 생활, 혼자의 시간을 느낄 거예요. 그럴수록 가족에게 눈길을 주고 질문을 하고 그들에 대해 생각해보고 관심을 가져보세요. 전혀 뜻밖의 멋진 비밀들을 알게 될지 누가 알겠어요?

가족에 관하여 생각해보았습니다.

첫째, 나는 가족과 한 몸이기도 하지만 독립적인 한 사람입니다. 이를 통해 가족이란 인간관계를 차근차근 생각해볼 필요가 있습니다. 둘째, 조선시대의 유학자 퇴계의 가족 이야기를 통해, 가족은 내 감정대로 움직이는 관계가 아니라 아픔을 함께 견디고 이해하는 관계라는 것을 알았습니다. 이는 결코 쉽지 않은 일입니다. 셋째, 음악가 브람스의 가족 이야기를 통해 남의 가족도 나의 가족처럼 헌신적으로 돌보고 서로의 생활을 나눌 수 있다는 것을 알았습니다. 넷째, 가족이란 결코 '당연한' 관계가 아닙니다. 엄마와 아빠는 남남으로 살다가 '가족'이 되어 살기로 약속했습니다. 그 관계는 항상 노력으로 이어지는 소중한 인간관계입니다.

지금은 나의 가족이 나의 모든 것입니다. 하지만 언젠가 나도 엄마와 아빠처럼 남으로 살고 있는 누군가를 만나 사랑하고 결혼하고 새로운 가족을 만들게 됩니다. 영원히 우리 곁에 살아 계실 것 같던 부모님도 영원히 살지는 못하지요. 나이가 많아지고 노인이 되고 세상을 떠나게 되지요. 어떤 사람은 갑작스런 질병이나 사고로 가족을 잃기도 하죠.

'결혼을 꼭 해야 하나?' '난 엄마와 아빠랑 평생 함께 살 거야' 물론 이렇게 생각하는 친구도 있을 거예요. 누구나 처음부터 아예 '결혼하지 않겠다'거나 '이혼하겠다'고 계획하는 사람은 없습니다. 또한 사랑해서 가족을 꾸려도 상대가 먼저 세상을 떠나 혼자가 된 사람도 있지요. 두 번 결혼하는 사람, 이혼하는 사람, 외국인과 결혼하는 사람, 결혼하지 않고 아이만 키우는 사람, 자기가 낳지 않았더라도 친자식처럼 키우는 사람, 부모나 가족과 일찍 헤어져 살아가는 사람도 있습니다. 나의 가족이 부유할 수도 있고 궁핍할 수도 있습니다.

서로의 모습은 이렇게 다르지만 가족과 관계를 맺지 않고 사는 사람은 없답니다. 다시 한 번 조용히 스스로에게 질문해볼까요? 가족이란 무엇일까요? 가족이 무엇인지 말로는 잘 설명을 못해도 몸과 마음으로는 이미 잘 알고 있을지도 모릅니다. 나아가 나의 가족만큼 나와 다른 모습으로 살고 있는 가족들에 대해서도 깊은 마음으로 생각해보면 어떨까요?

3장
규칙

이번 철학 수업의 주제는 '규칙'입니다. 해마다 3월이면 새로운 학기, 새로운 학년, 새로운 학교에서의 생활이 시작됩니다. 초등학생이었다가 중학생이 되고, 중학생이 고등학생이 되는 시기이기도 합니다. 새로운 얼굴들과 새로운 규칙들이 주어지고 그 규칙들에 적응해야 하는 시기이기도 하죠.

이번에는 여러 규칙들 속에서 살아가는 일에 대해 생각해보려 합니다. 예전에 소치 올림픽에서 김연아 선수를 둘러싸고 편파 판정 시비가 계속 있었던 것 기억하나요? 또 해마다 입시철 전후가 되면 올바르지 않은 방법으로 규칙을 무시하면서 대학입시 부정을 저지르는 사람들에 대한 뉴스가 끊이지 않습니다. 얼마 전에는 시험 부정사건에 학교 선생님까지 개입되어 많은 사람들이 속상해하기도 했지요. 누구보다 공정한 규칙을 만들고 지켜야 할 자리에 있는 사람들이 그 규칙을 어기거나 공정성을 잃어버린다면 우리 사회는 어떻게 될까요?

규칙을 함께 만들고 참여하고 지키는 구성원으로서 생각해보도록 하겠습니다. 규칙을 어떻게 만들어야 하는지, 의견이 충돌하면 어떻게 해야 하는지, 최종 결정은 누가 하는지 등을 생각해보는 시간입니다.

단지 규칙을 '잘 지켜야 한다'고만 배우면 실제로 우리는 할 수 있는 것이 많지 않습니다. 학교 규칙이라고 해도 교장 선생님 혼자 만들지 않습니다. 누군가 마음대로 혼자 규칙을 만든다면 여러 사람이 반감을 가질 수 있고 답답함을 느끼겠죠. 과연 규칙을 만드는 사람 따로 있고 지키는 사람 따로 있을까요?

규칙이란
무엇일까?

'아지트' 에피소드를 들려줄게요. 이 이야기는 영국의 어린이 철학교육과 시민교육에 관심을 가진 선생님들이 만든 워크북 자료집에 있는 내용입니다. 몇몇 친한 아이들이 함께 아지트를 만들고 거기서 지내기 위한 규칙을 토론합니다. 그리고 규칙을 어겼을 때 어떻게 할 것인지에 대해서도 의논합니다.

여러분은 친구들과 아지트를 만든다고 할 때 어떤 규칙들을 제안하고 싶나요? 그중에는 이런 것들도 있겠지요? 아지트를 깨끗하게 사용할 것, 다른 친구들이나 가족에게는 비밀로 할 것, 아지트 내에서 공동으로 사용하는 물품은 망가뜨리지 않을 것, 만약 망가뜨리면 물어낼 것, 아지트에 들어가기 위해서는 암호를 말할 것, 사람들이 입구를 잘 알아보지 못하게 할 것 등등.

그런데 규칙을 어긴 사람에게 책임을 묻는 것도 규칙이 될 수 있을까요? 또 어떤 규칙은 다른 규칙보다 더 중요하고 먼저

지키도록 하는 것도 규칙이 될까요? 규칙에 대해 더 곰곰이 생각해봐야 할 이유가 바로 여기에 있답니다.

규칙은 그냥 규칙일 뿐이 아니에요. 그 규칙을 왜 지켜야 하는지 잘 따져보는 연습을 해야 합니다. 그러지 않으면 이상한 규칙들도 마구 생길 수 있고 어느 한쪽에게만 이로운 일방적인 규칙도 생길 수 있어요. 또 반대로 규칙은 무조건 싫다면서 모두가 지키지 않을 수도 있습니다. 이렇게 되면 규칙은 이름만 있을 뿐 실제로는 아무 효과가 없게 되는 것이죠. 그러니까 이제부터 규칙에 대해 꼼꼼히 따져보는 연습, 규칙에 대해 스스로 질문해보는 생각 연습을 해보자고요.

사실 여러분은 이미 학교에서 학급회의를 계속 해왔지요? 그런데 어쩐 일인지 회의가 점점 형식적으로 되어가지 않았나요? 왜 그럴까요? 너무 뻔한 답이 있는 문제들을 가지고 회의를 해서일까요? 만약 가족회의라면 어떨까요? 좀 더 의견을 나누고 싶은 회의를 하지 않을까요? 뭐라고요? 가족회의는 불가능하다고요? 부모님이 잔소리를 하는 시간이 된다고요?

"우리 집에서 가족회의를 한 적이 있어요. 회의에서 내가 꼭 아침밥을 먹기로 결정했어요. 나도 찬성했고요." 너무 교과서적인 바람직한 회의 결과인가요? 그럼 이건 어떤가요? "나는 가족회의에서 게임하는 시간을 현재 30분에서 1시간으로 늘렸어요."

또는 "나는 세 달에 한 번 정도는 1박 2일 가족여행을 가자고 제안했어요." 가족회의로 결정된 규칙 중에는 여러분에게 유리한 규칙도 있고 불리한 규칙도 있을 거예요.

하지만 중요한 것이 있어요. 바로 새로운 규칙을 제안하거나 어떤 규칙을 바꾸려고 할 때에는 반드시 이유를 함께 말해보는 거예요. 스스로 이유를 생각해보는 것, 이 점이 핵심이랍니다.

또 평등하게 자신의 의견을 말해보는 경험도 아주 짜릿할 거예요. 친구끼리 규칙을 이야기해보는 것 못지않게 윗사람과 아랫사람이 함께 있는 가족 앞에서 내 의견을 또박또박 말해보는 연습이 소중한 거지요. 평소에 마음에 담아두었던 진심, 서로에게 하고 싶었던 말들을 대화로 풀어보는 것도 좋기는 해요. 하지만 그건 '가족 간 대화'의 시간이지 어떤 문제를 어떻게 해결할 것인지 결정하는 '가족회의'는 아니랍니다.

그런데 1,000년 전의 규칙, 100년 전의 규칙, 오늘날의 규칙은 다 똑같을까요? 아무리 좋은 규칙도 오랜 시간이 지나면 지금에 잘 맞지 않을 수 있겠지요. 그래요. 규칙은 바뀔 수 있습니다. 예를 들어볼까요? 선생님이 고등학교를 다닐 때에는 학생이 머리카락을 마음대로 기를 수 없었어요. 여학생의 경우에는 귀 밑 1센티미터까지만 머리카락을 기를 수 있었고 그 이상이 되면 규칙 위반이 되어 벌을 받았답니다. 그런데 지금도 같은 규칙을 고등학교 학생들에게 지키라고 한다면요? 아마 인권침해 문제가 불거질 수 있습니다.

또한 우리의 할머니 할아버지가 살던 시대에는 여자는 '대학교에 보내면 안 된다'는 암묵적 규칙이 있었던 집들이 많았답니다. 그래서 남자들만 대학교에 가고 여자들은 더 배우지 못했던 시절이 있었어요. 지금도 이런 규칙을 지키라고 하면서 여자들이 대학교에 가지 못하게 한다면요? 이 역시 문제가 될 거예요.

한편으로 우리 사회에는 오랜 시간 동안 수많은 시행착오를 거쳐, 올바르고 이롭다고 받아들여지는 삶의 규칙들도 있습니다. 어떤 것들이 있을까요? 이 규칙들은 우리 스스로 직접 관찰하고 따져보고 체험해보아야만 알 수 있는 것들입니다. 곰곰이 한번 생각해보세요.

안중근을 통해 본
규칙 이야기

여러분이 100년 전에 태어났다고 상상해보세요. 일본이 자기들에게 유리한 규칙을 만들어놓고 힘으로 밀어붙이고 있는 시대입니다. 여러분은 어떤 삶을 선택했을까요? 이제부터 안중근의 이야기를 해보겠습니다.

안중근이 누구인지 금방 기억해낼 수 있나요? "위인 아닌가요?"라고 묻는 사람이 있을 거예요. 위인이 맞죠. 그런데 어떤 사람인지 말할 수 있나요? 안중근은 이토 히로부미를 저격한 우리나라 독립군 장교예요. 그는 일본 정부로부터 사형을 선고받고 감옥에서 죽었습니다. 이토 히로부미는 강제로 우리나라를 일본의 식민지로 만든 을사조약(1905년)을 맨 앞에서 주동한 사람입니다.

1909년 이토 히로부미는 만주를 여행하다가 하얼빈 역에서 대한의군 참모중장 안중근이 쏜 총에 맞습니다. 일본인들은 살인과 테러를 당한 것처럼 흥분했습니다. 그런데 안중근 장교는 살인을 한 범죄자일까요? 아니면 국제적 범죄자를 처형한 군인일까요? 일본 사람의 입장에서 보면 살인자이고 우리나라 사람의 입장에서 보면 범죄자를 처형한 영웅입니다. 안중근 장교는 한국의 군인이었고 일본에게 빼앗긴 한국을 지켜내기 위해 일본의 국제 범죄자를 총으로 쏘았습니다. 무슨 일이 있어도 '전쟁'을 통한 해결은 막아야 하지만 이미 '전쟁'이 벌어지고 있는 상황에서 전쟁에 참가한 군인이 적을 죽인 것을 두고 개인적 살인으로 몰아갈 수만은 없겠지요?

안중근에 대한 이야기는 여러 책에서 확인할 수 있습니다. 『안응칠, 이토 히로부미를 쏘다!』라는 책에서 안중근 장교가 감옥에서 쓴 글과 재판에서 한 말들을 볼 수 있어요. 특히 이토 히로부미가 어떤 규칙들을 파괴시킨 국제적 범죄자인지 안중근 장교가 조목조목 설명하고 있는 내용을 보면 분노로 마음이 울컥해진답니다. 자, 이토 히로부미의 국제적 범죄를 알아볼까요?

국제 범죄 1. 우리나라의 왕비(명성황후)를 죽이도록 지시하였다.

국제 범죄 2. 우리나라의 왕을 강제로 폐위시켰다.

국제 범죄 3. 죄 없는 한국인들을 마음대로 많이 죽였다.

국제 범죄 4. 우리나라 정권을 강제로 빼앗았다.

국제 범죄 5. 우리나라의 철도와 광산과 산의 자원들을 마음대로 빼앗아갔다.

국제 범죄 6. 우리나라 대표 은행의 돈을 찍어서 자기 마음대로
　　　　　사용하였다.

국제 범죄 7. 우리나라 군대를 자기 마음대로 해체시켜버렸다.

국제 범죄 8. 우리나라 사람들이 교육받는 것, 신문 읽는 것, 외
　　　　　국 유학을 못하게 하고 국어 교과서를 빼앗아 불에
　　　　　태웠다.

국제 범죄 9. 한국 사람이 스스로 일본 사람의 식민지가 되기를
　　　　　소원하였고 한국은 항상 평화롭게 잘 지내고 있다
　　　　　는 거짓말을 세계에 퍼뜨렸다.

국제 범죄 10. 동양의 나라들 간의 국제 평화를 깨뜨렸다. 십지
　　　　　어는 자기 일본 왕의 아버지까지 죽였다.

당시 안중근 장교는 일본의 왕이 "한국을 식민지로 만드는
일은 결코 없을 것이며 두 나라 사이의 존중과 평화를 지키겠다"
고 말하던 것을 중요하게 생각했습니다. 그러니까 이 약속을 무
너뜨린 이토 히로부미야말로 국제 범죄자, 즉 국가와 국가 사이
에 지켜야 할 규칙(국제법)을 무너뜨린 범죄자라고 판단한 거예요.
정말 무지막지하게 힘으로 밀어붙인 일본의 규칙 파괴가 선명하
게 보이지 않나요? 해외유학도 못 가게 하고 신문도 읽지 못하게

하고 우리나라 말로 된 교과서도 사용하지 못하게 하다니요?

안중근 장교는 이렇게 막나가는 이토 히로부미를 마치 전쟁터에서 적군을 공격하듯이 총으로 쏜 것입니다. 안중근 장교는 곧바로 붙잡혀 감옥에 갇히는데 감옥에서도 자신을 개인적 원한에 의한 살인자로 몰아가지 말라고 거듭 주장했습니다. 이 주장이 받아들여졌을까요? 아니에요. 안중근은 살인죄로 사형 선고를 받고 곧바로 처형당합니다. 그 유해마저 어디에 묻혔는지 알 수 없습니다.

그런데 더 기가 막힌 일이 있습니다. 일부 한국 사람들이 안중근을 살인자로 생각하고 이토 히로부미의 장례식을 화려하게 치르도록 수많은 돈을 건넸다고 합니다. 심지어는 한국에 이토 히로부미의 동상을 세우자는 서명운동까지 벌였다고 합니다. 여러분은 이들을 어떻게 생각하나요?

안중근은 규칙을 어긴 사람일까요? 규칙을 지키려고 했던 사람일까요? 그 규칙이 무엇이냐에 따라 답이 달라질 수 있을 거예요. 안중근은 '사람을 죽여서는 안 된다'는 규칙을 어긴 사람이라고 말할 수도 있지요. 하지만 전쟁터에서 나라를 지키는 군인으로서 그 나라를 불법적으로 침략한 적의 우두머리를 죽인 것이라고 생각한다면 오히려 안중근은 규칙을 어긴 사람이 아니라 규칙을 지키려 한 사람이라고 할 수 있습니다.

규칙을 만들 때
중요한 것은?

학교에서는 규칙을 만들 때 누가 최종결정을 할까요? "교장 선생님"이 한다고 대답하겠지요? 그럼 학교 구성원들인 우리는요? "우리 의견을 말하긴 하지만 학교의 결정에 영향을 끼치지는 않는 것 같아요"라고 말할지 모릅니다. 학교에서 규칙을 정할 때 학생들의 의견을 꼭 물어보고 반영해야 하지만 모든 의견을 다 반영하는 데는 무리가 있습니다. 예를 들어 '교복을 입을까? 사복을 입을까?'라는 문제를 의논해서 '하나의 규칙'으로 결정해야 할 때 학생들의 의견을 널리 들어보면 도움이 될 거예요. 하지만 모든 학생들의 의견을 존중하여 각자의 의견대로 하게 내버려두면 아예 '규칙' 자체가 없어져버릴 수도 있습니다. 혼란이 가중되는 것이죠. 규칙이라는 것이 너무 촘촘하고 세부적이면 숨 쉬기도 어렵지만, 규칙이 너무 없어도 제멋대로 하다 서로 피해를 줄 수 있답니다.

이번에는 한 나라나 공동체의 규칙을 정하기 위해 사람들이 서로 동등한 자격을 가지고 협의하는 자리를 상상해보도록 합시다. 미리 이런 연습을 해보는 것이죠. 사실 일부 어른들에 의해 '민주주의'나 '합의'가 엉망이 되는 것은 그 사람들도 이런 연습을 제대로 하지 못했기 때문입니다.

규칙을 만드는 사람들은 누구일까요? 그 규칙을 지키며 함께 살아가는 공동체의 구성원들이겠죠. 그렇지만 국가처럼 구성원이 많을 때에는 어떻게 하는 게 좋을까요? 맞습니다! 국민의 대표를 뽑아서 그 대표가 구성원들의 의견을 잘 반영할 수 있는 규칙을 만드는 것입니다. 여의도 국회의사당에서 국회의원들이 하는 일이 바로 이런 일입니다. 그러니까 국회의원은 개인의 욕심이나 힘으로 일을 하면 절대 안 됩니다. 그들을 뽑는 국민도 국회의원이 일을 잘하고 있는지 항상 감시하고 지켜봐야 해요. 그러지 않으면 자기 마음대로 이런저런 규칙을 만들거나 국민 모두에게 공정한 규칙이 아닌, 돈이나 권력이 있는 일부 사람한테 유리한 규칙을 만들 수 있습니다. 그러면 국민들이 힘들어진답니다.

국가 대 국가가 규칙을 정하는 일도 생각해봅시다. 땅을 두고 싸우거나 서로의 규율이 달라 부딪치는 경우는 어떻게 해결해야 할까요? 우리나라 국민들은 독도가 당연히 우리 땅이라고 생각합니다. 역사적 증거도 있다고 알고 있습니다. 그런데 왜 일본 사람들은 자기네 땅이라고 우길까요?[*] 그것은 일본이 우리나라를 강제로 침범해서 통치한 행동을 근본적으로 잘못이라 생각하지 않기 때문이에요. 또한 우리나라 정치 지도자들 중에 이런 문제를 대충 얼버무리고 싶어 하는 사람들이 있기 때문이고요. 서로 이웃해 있는 두 나라가 함께 평화롭게 살아가기 위해서는 서로가 합의한 규칙이 반드시 있어야 합니다. 그리고 그 규칙이 어느 한쪽에 일방적으로 유리해서는 안 됩니다.

안중근이 살고 있던 때와 달리 지금은 일본의 불법적 점령 행위가 더 이상 허락되지 않고 있지만 일본과 우리나라 사이에는 아직도 갈등이 계속되고 있답니다. 독도 문제도 그렇고 위안부 소녀상 문제도 많이 들어봤지요? 앞서 이야기했듯 일본이 우리나라를 괴롭힌 범죄 행위를 아직 인정하지 않고 있다는 것도

● 왜 독도를 두고 일본과 우리나라가 서로 자기 땅이라고 주장하게 되었을까요? 17세기 말 (1696년, 숙종 22년)에 어부 안용복이 울릉도에 출몰하는 일본 어민들을 쫓아내고 일본 오키주에 가서 울릉도가 조선 땅임을 인정받고 돌아온 사건이 있었어요. 이를 계기로 울릉도 개발 정책이 강화되어 우리나라 정부는 울릉도를 삼척부에 포함시켰고, 일본 사무라이 정부도 이를 받아들였답니다(일본 정부는 칼을 찬 사무라이들이 다스리는 막부 시대였답니다). 그래서 울릉도에 딸린 섬이었던 독도도 조선의 땅이 되었지요(이때는 독도의 이름이 우산도였어요). 그로부터 200년이 지난 후 1900년에 조선이 대한제국으로 바뀌게 되었을 때 우리나라 정부는 독도를 행정적으로 울릉군에 다시 포함시켰지만, 일본도 우리나라를 식민지로 만들었던 1905년에 자기들 마음대로 일본 시네마 현에 독도를 포함시켰습니다. 지금으로 치면 외교부 장관인 외부대신 박제순이 일본에 강력하게 항의했지만, 이미 우리나라의 주권이 많이 약해져서 일본이 들은 척도 안 했어요. 시간이 지나 우리나라가 일본으로부터 독립한 해인 1945년에 독도를 되찾았지만 일본은 여전히 이를 인정하지 않고 자기네 땅이라고 우긴답니다.

말이에요. 앞으로 이런 문제들에 대해 양쪽 국민들의 화가 점점 커지면 자칫 '힘'으로 밀어붙어야 한다는 주장이 나올 수 있답니다. '힘으로 밀어붙이다'는 게 무슨 뜻일까요? 어느 정도까지가 '힘으로 밀어붙이는 것'일까요? 또다시 전쟁을 일으킬 수 있다는 말입니다. '전쟁으로 해결하자!'는 의견에 여러분은 찬성하지 않을 거예요. 더 이상 전쟁은 안 된다는 것, 그렇기 때문에 국가와 국가 사이에 규칙을 잘 만들고 잘 지키도록 해야 하는 것이랍니다. 무엇보다 두 국가 사이에 이상한 규칙이 만들어져서 결과적으로 고통을 받게 되는 것은 다름 아닌 나를 비롯한 양쪽 국민들 모두라는 사실을 기억하세요.

규칙에 관하여 생각해보았습니다. 첫째, 친구들과의 모임 같은 개인적 조직에서도 규칙이 필요합니다. 규칙은 결국 사람과 사람이 함께 살 수 있는 기본적인 발판이라는 것을 말했습니다. 둘째, 안중근 이야기를 통해 규칙을 지킨다는 것은 무엇인지, 그 기준은 어디에 있는지를 생각해보았습니다. 셋째, 국회와 독도 이야기를 통해 공정한 규칙을 만드는 것의 중요성에 대해 알아보았습니다. 규칙을 만드는 사람이 따로 있고 규칙을 지키는 사람이 따로 있는 것이 아닙니다. 사람과 사람 사이에, 국가와 국가 사이에 평화롭고 화목하게 그리고 공정하게 살게 해주는 규칙은 하늘에서 갑자기 뚝 떨어지지 않습니다. 구성원들이 오랜 시간 동안 함께 만들어가는 것입니다. 하지만 크고 작은 규칙을 만드는 사람들은 국민의 대표자일 뿐 국민 한 사람 한 사람은 아닙니다. 국민의 마음, 그것이 '민심'이랍니다. 옛날부터 '민심은 곧 천심'이라고 했어요. 하늘의 마음이라는 것이지요. 모든 규칙의 근본이 이것이랍니다.

규칙이 있어서 어느 개인도 자기 마음대로 할 수 없답니다. 그것은 우리 모두의 삶을 보호하고 아름답게 만들어준답니다. 규칙은 불편한 것이 아니에요. 사람을 무조건 꼼짝달싹하지 못하게 하는 것도 아니랍니다. 규칙은 우리를 지켜주고 함께 살아갈 수 있게 해주는 것입니다. 그래서 가장 큰 규칙은 '마음의 규칙'이라고 할 수 있습니다.

안중근은 감옥에서 『동양평화론』을 썼습니다. 안중근 장교는 중국과 한국 그리고 일본이 싸우지 않고 진정으로 평화롭게 살 수 있는 '규칙'을 연구하다가 죽음을 맞이한 사람입니다. 무엇보다 그가 규칙을 만들어가던 마음을 먼저 상상해보아야 합니다. 평화를 지키고 보호하려는 마음이 그토록 강렬했기에 안중근은 평화의 규칙을 구체적으로 제안할 수 있었던 것이죠.

일부 사람들의 이익을 위해 규칙을 정해놓고 나머지 사람들에게 피해를 주면 안 됩니다. 그러기 위해서는 내 나라 국민 못지않게 다른 나라 국민도 소중히 여기는 마음의 규칙이 있어야 합니다. 그런 마음이 없다면 훌륭한 규칙을 만들 수 없습니다. 만든다 해도 지켜지지 않을 테고요. 이는 개인적 차원에서도 마찬가지입니다. 나를 비롯해 다른 사람도 배려할 수 있는 마음의 규칙에 대해서도 더 깊이 생각해보길 바랍니다.

4장

기호와 상징

모자나 가방, 또는 옷이나 몸에 이런 저런 장식이나 표지 같은 것들을 달거나 새기는 사람들이 적지 않습니다. 겨울이면 작은 빨간 열매 세 알의 브로치를 옷깃에 다는 사람들이 있지요? 사랑의 열매라는 단체에서 만든 것으로 기부와 자선을 열심히 하자는 뜻이 담겨 있습니다. 비슷한 것이 또 있지요? 작은 노란 리본입니다. 이제는 슬픔이나 추모의 기호가 되었죠. 선생님도 몇 년 전에 학술 발표를 할 때 작은 노란 리본을 왼쪽 옷깃에 꽂았답니다.

결혼식에 참석하는 신부는 꽃을 들고 있습니다. 생일 케이크에는 작고 앙증맞은 초가 올라 있습니다. 축하 노래를 부르면서 촛불을 끄는 순간을 남기기 위해 사진을 찰칵! 찍습니다. 장례식은 어떤가요? 모두 검거나 흰 무채색의 옷을 입고, 유가족은 머리나 옷에 작은 리본을 꽂습니다.

사랑의 열매도, 노란 리본도, 흰 리본도, 작은 초와 꽃도 단순한 마스코트가 아닙니다. 그 작은 물건들 속에는 감추어진 뜻이 있지요. 맞아요. 우리는 기쁨과 슬픔, 또는 남을 위로하거나 축하하는 마음을 표시할 때 상징적인 물건을 사용합니다.

이번 철학 수업은 우리 생활 속에 깃들어 있는 다양한 기호와 상징에 대해 알아보도록 하겠습니다. 미처 알지 못했던 신기한 사실들도 발견할 수 있을 거예요. 자, 시작합니다!

여자는 외모?
남자는 돈?

여러분은 미술 시간에 풍경화를 그리라고 하면 어떤 그림을 그리나요? M자 모양으로 산을 그리고 나서 산 위에 둥그런 해가 웃는 모습을 그리고 산 중간쯤부터 시작되는 길을 그린 후에 양쪽으로 큰 나무 몇 그루를 그려넣나요? 안타깝게도 이런 풍경화는 결코 잘 그려진 그림으로 대접받지 못한답니다. 그런데도 우리는 풍경화를 떠올리면 즉시 이런 모습을 상상하고는 하지요. 이는 우리 생활 속에 기호나 상징처럼 자리 잡은 고정관념입니다.

남자와 여자에 대해서도 고정관념이 자리 잡고 있습니다. 남자는 돈을 잘 벌어야 하고 여자는 외모가 예뻐야 한다, 남자는 수학과 과학을 잘하고 여자는 국어와 예술을 잘한다고 생각합니다. 남자는 어두운 색깔을 좋아하고 여자는 밝고 예쁜 색깔을 좋아한다고들 합니다. 여자는 핑크이고 남자는 블루일까요? 과연 그럴까요? 우리는 100퍼센트 똑같은 취향을 갖고 있지 않은데 왜 이런 고정관념이 없어지지 않을까요?

많은 사람들이 그와 비슷한 생각을 하는 것에는 나름의 이유가 있습니다. 우리 인간은 하루아침에 생겨난 존재가 아니고 오랜 생활의 역사를 가지고 있어요. TV 광고에서 여자들이 핑크색 옷이나 장식품으로 꾸미고 나오면 그것이 아름답게 보이던 시대가 있었어요. 남자들은 가죽 재킷을 입고 자동차를 거칠게 몰고 다니면서 담배를 질끈 입에 물고 있는 모습이 멋지게 보였던 시대가 있었고요. 시간이 흐르면서 한때 아름답고 멋지게 보였던 모습들이 촌스럽고 개성 없는 모습으로 보이게 되었고, 그렇게 여자와 남자의 멋진 모습 역시 계속 변해갑니다.

사람과 사람 사이에 서로를 위로하거나 기쁘게 할 수 있는 방법도 시대에 따라 달라져왔습니다. 불과 몇 십 년 전만 해도 선물로 설탕을 주면 아주 기뻐했답니다. 상상이 되나요? 가족과 함께 모처럼 외식을 하는데 국수를 먹는다면? 실제로 그랬답니다. 크리스마스 때가 되면 직접 카드를 만들어 주고받기도 했습니다. 요즘에는 보기 힘든 풍경이 되었죠.

삶을 축복하고 위로하는
기호와 상징

기독교에서는 부활절이 되면 삶은 달걀에 색을 칠해 나누며 축하합니다. 또 크리스마스가 오면 크리스마스트리에 아름다운 불빛 장식도 하지요? 그런데 왜 삶은 달걀일까요? 왜 전나무에 불빛을 밝힐까요? 불교에서도 부처님 오신 날에 연꽃 모양의 아름다운 등을 만들어 들고 사람들이 거리를 행진합니다. 그런데 왜 많은 꽃들 중에서 연꽃일까요?

부활절 달걀부터 생각해볼까요? 서양 사람들은 부활절 전에 길면 약 한 달 동안 음식을 최소한으로 먹고 기도와 명상으로 준비를 했답니다. 물론 성직자나 수도원에 있는 사람은 더 심하게 음식을 끊었어요. 그러니 영양도 부족했겠지요? 드디어 부활절이 되고 부활을 함께 축하하면서 영양가 있는 음식을 나눠 먹는데, 그것이 바로 고단백 식품인 삶은 달걀인 거예요. 지금도 유럽에서는 부활절 전에 어린이들도 초콜릿 같은 맛있는 음식을 먹지 않게 하는 나라가 있답니다. 그래서 부활절이 되면 그동안 끊었던 맛있는 음식을 실컷 먹는 거예요.

크리스마스트리의 불빛 이야기를 해볼까요? 독일의 성직자였던 루터가 하루는 숲을 지나가는데 전나무가 반짝거리는 모습을 보고 마치 '신이 이 땅에 그 모습을 비추는 것' 같은 감동을 받았답니다. 그래서 루터는 그때의 감동을 기념하기 위해 전나무에 촛불을 올려놓기 시작했어요. 크리스마스트리는 바로 이것이 다른 많은 기독교인들에게도 퍼진 것입니다.

불교에서 연꽃을 소중히 여기는 이유는 무엇일까요? 불교라는 종교의 가르침을 아주 잘 나타내는 기호와 상징의 역할을 하기 때문입니다. 여러분은 연꽃을 자세히 들여다본 적이 있나요? 연꽃은 진흙탕 같은 물에서 자란답니다. 그런 곳에 뿌리를 내리고 있으면서도 더럽혀지지 않고 신비롭고 아름다운 꽃을 피워내지요. 우리 삶도 마찬가지입니다. 자신의 어려운 상황이나 비참한 조건에 굴복하지 않고 이겨낸다면 진흙탕의 연꽃처럼 아름답게 피어날 수 있습니다. 그래서 불교에서는 아름다운 연꽃과 같은 삶을 살고자 하는 기도를 하고 연꽃 모양을 만들어 하늘에 매달고, 거기에 자신의 소원들을 적어 기원하는 것이죠. 결국 그런 기원들은 스스로 주문을 걸듯 삶에 용기와 힘을 주게 됩니다.

시와 노래를 한번 생각해볼까요? 슬픔을 위로하는 마음을 노래로 만든 것이 있습니다. 우리말 제목이 '천개의 바람이 되어'

라는 노래입니다. 리베라 소년합창단이 부르는 걸 몇 년 전부터 즐겨 듣고는 했는데 이 노래가 원래 인디언들 사이에서 전해 내려온 시였다는 것은 이번에 처음 알게 되었답니다. 인디언의 시를 노랫말로 삼아 전 세계 여러 나라에서 끊임없이 불리고 있답니다. 인디언의 '위로의 시'를 우리도 읽어볼까요?

내 무덤 앞에서 울지 말아요.

나는 그곳에 없답니다.

나는 잠들어 있지 않아요.

나는 천 개의 바람입니다.

나는 눈 위에서 다이아몬드처럼 반짝이고 있습니다.

나는 가을에 영근 곡식들 위에 따스하게 비추는 햇살입니다.

나는 부드러운 가을비입니다.

내 무덤 앞에서 눈물 흘리지 말아요.

나는 거기에 없답니다.

나는 죽어 있지 않아요.

당신이 고요한 아침에서 깨어났을 때,

나는 원을 그리며 저 하늘을 날으는 새들의 빠른 움직임입니다.

나는 밤하늘에 부드럽게 빛나는 별입니다.

내 무덤 앞에서 울지 말아요.

나는 그곳에 없답니다.

나는 잠들어 있지 않아요.

보통 사람이 죽으면 흔적도 없이 사라진다고 생각하잖아요? 생명의 숨이 끊기고 아름답고 정다웠던 몸은 썩어가고 뼈만 남다가 그 뼈마저 흙이 되어버리면 모두 없어져버린다고 말이에요. 하지만 이 시에서는 결코 그렇지 않다고 말하고 있습니다. '나'는 그 작은 무덤 안에 갇혀 있지 않다고 말합니다.

그렇다면 당신이 사랑하는 '나'는 어디에 있을까요? 죽고 사라진 것이 아닌가요? 시에서는 죽지 않았다고 말하고 있어요. '나'를 한 사람의 모습으로만 생각하면 태어나서 살다 죽은 한 사람이라 할 수 있지만, '나'는 그게 다가 아니라고 말하고 있답니다. '나'는 한 해 동안 땀 흘려 일해 수확한 곡식 위를 비추는 따스한 가을 햇살, 부드러운 가을비, 천 개의 바람, 반짝이는 눈, 하늘에서 자유롭게 날아가는 새들의 비상, 밤하늘의 별빛이 되었다는 거예요. 어떤가요? 이보다 멋진 위로의 시가 있을까요?

이렇게 종교에서도, 시와 노래에서도 우리 삶을 축복하고 위로하는 기호와 상징들을 발견할 수 있습니다.

나는 어떤
기호와 상징일까?

기호나 상징이 우리 삶에 얼마나 자연스럽게 스며들어 있는지 생각해볼까요? 우리 인간도 동물과 식물로, 심지어는 어떤 물건으로 바꿔볼 수 있답니다. 노란풍선 하면 떠오르는 노무현 대통령이 있고 국민여동생하면 바로 나오는 연예인이나 피겨스케이팅 선수도 있습니다. 국민타자, 붉은악마, 메뚜기, 허수아비 등 수많은 별명들이 있지요. 여러분의 가족과 친구들의 별명도 한번 떠올려보세요. 그것이 바로 그 사람이 가지고 있는 특별한 기호와 상징입니다. 그렇게 바꿔보면 뭔가 묘하게 닮은 게 꼭 있어요. 그 사람이 풍기는 성격이나 모습, 마음씨와 행동 습관이 신기하게 닮아서 손뼉을 치게 되죠.

식물이나 동물, 물건이 기호나 상징이 되는 사례도 더 찾아볼 수 있습니다. 한국인을 비롯한 동양 사람들이 옛날부터 소중하게 여겼던 열 가지 동물과 식물 그리고 자연물이 있답니다. 바로 십장생입니다. '열 가지 오래 사는 것들'이라는 뜻의 십장생

십장생 그림이 조각되어 있는 경복궁 자경전 굴뚝

十長生은 태양, 산, 물, 돌, 소나무, 구름, 늙지 않게 하는 약초(불로초), 거북이, 학, 사슴을 말한답니다.

옛날에는 질병과 가난에 의해 일찍 죽는 사람들이 지금보다 많았어요. 왕도 마찬가지였고요. 그래서 많은 사람들이 소망하는 최고의 복 중에서 건강과 부귀뿐 아니라 오래 사는 것, 장수, 장생이 많았습니다. 그들은 몇 백 년 이상 생명을 잃지 않는 자연의 모습을 기호와 상징으로 표현했죠. 종이나 벽돌 위에 그림으로도 그리고 도자기에도 모양을 새겨 넣고 입는 옷에도 곱게 수를 놓았어요. 경복궁 자경전 굴뚝을 본 적이 있나요? 벽면에 조각된 그림이 바로 십장생이랍니다.

이번에는 책 표지 하나를 살펴보겠습니다. 다음 페이지의 그림을 보세요. 어떤가요? 왕관을 쓴 거대한 사람의 모습입니다. 마치 '괴물' 같기도 하고요. 이 그림은 영국의 유명한 철학자 홉스가 지은 책의 표지 그림이에요. 홉스는 성경의 욥기에 나오는 큰 바다의 괴물을 상상하여 자기 책의 표지로 사용했습니다. 이 괴물의 이름은 '리바이어던'입니다.

홉스는 왜 이런 괴물 그림을 표지에 넣었을까요? 표지가 책 내용을 대표하는 기호가 된 것입니다. 표지 그림만 보더라도 책의 내용을 짐작할 수 있어요. 그림을 잘 보면 왕관을 쓰고 있는 큰 사람 안에 사실은 아주 조그마한 사람들로 가득 찬 것을 알 수 있어요. 홉스가 보기에, 이 사회는 수많은 인간들이 경쟁과 힘에 의해 서로가 서로의 적이 되는 상태였습니다. 그래서 사람들이 서로 무차별적으로 싸우고 죽이지 못하도록 큰 권력을 가진 괴물 왕(?)이 필요하다고 말했어요. 마치 그림의 리바이어던처럼 말이죠. 어때요? 마음에 드나요?

이처럼 돌담의 벽에도, 책의 표지에도 기호와 상징이 깃들어 있습니다. 사람들의 별명과 말, 옷차림도 마찬가지입니다. 기

홉스의 『리바이어던』 책 표지 그림

회가 나는 틈틈이 여러분 자신과 주변을 관찰해보는 습관을 가져보세요. 미처 알지 못했던 흥미로운 기호와 상징들을 발견할 수 있을 것입니다. 자, 그렇다면, 먼저, 여러분은 어떤 기호와 상징으로 기억되고 싶은가요?

기호와 상징에 대하여 살펴보았습니다. 첫째, 우리 속에 자연스럽게 스미어 있는 고정관념을 기호나 상징과 관련해 생각해보았습니다. 둘째, 기쁨과 위로를 전하는 방법을 기호나 상징으로 어떻게 표현할 수 있는지 알아보았습니다. 기호나 상징은 종교에서도, 노래와 시로도 다양하게 표현할 수 있습니다. 셋째, 기호나 상징이 깃든 사람이나 동식물, 사물을 살펴보고 나 자신을 생각하는 시간을 가졌습니다.

자, 이제 다음 페이지의 사진들을 보세요. 위 사진은 뉴욕 맨해튼 월 스트리트에 있는 황소 동상이고, 아래 그림은 화가 프리다 칼로가 자신을 표현한 그림(자화상)입니다.

이 황소 동상은 증권 회사들이 많은 이 지역에서 주식의 가격이 오르는 것을 상징해요. 그리고 프리다 칼로의 그림은 척 봐도 느낌이 오지 않나요? 그래요. 화가가 자신의 모습을 화살에 찔려 피가 흐르는 사슴으로 그리고 있어요. 한번 상상해보세요. 황소 동상이 세워지기 전과 세워진 후, 화가가 그림을 이렇게 그리기 전과 그리고 난 후, 무엇이 달라질까요? 죽음을 위로하기 위해 우리가 노란 리본을 달았을 때, 추모의 표시로 인디언의 시를 붙인 〈천 개의 바람이 되어〉라는 노래를 함께 부를 때, 우리는 아마 이전과는 좀 더 달라져 있지 않을까요? 황소의 힘찬 몸짓을 보면서 풍요를 향한 모습을 상상하게 됩니다. 피를 흘리는 사슴

위 아르투로 디 모디카, 〈돌진하는 황소〉, 청동, 3.4×4.9m, 1989.
아래 프리다 칼로, 〈상처 입은 사슴〉, 캔버스에 유채, 30×22cm, 1946.

은 우리에게 고통이 어떤 것인가를 함께 느끼게 해주죠. 이렇게 마음을 함께 공유하고 나누는 것, 바로 그것이 기호와 상징이 필요한 이유가 될 거예요.

우리 인간들은 앞으로도 계속 수많은 기호와 상징을 만들어 낼 것입니다. 그렇다고 일회용 컵처럼 잠깐 사용되다가 사라지는 것은 아니에요. 지금까지 살펴봤던 것처럼 아주 옛날부터 변함없이 전해 내려오는 기호와 상징이 많이 있잖아요? 그러니까 여러분이 조금씩 이런 기호와 상징을 알아차릴 수 있는 눈을 갖추게 되면, 세상을 보는 시선과 관점이 더한층 깊어지고 넓어지게 된답니다. 그것은 지혜일 수도 있어요. 그 수많은 기호와 상징들이 삶의 비밀에 대해 말해줄 테니까요.

5장

추리 놀이

여러분은 추리 놀이를 해본 적이 있나요? 셜록 홈즈처럼 추리를 통해 문제를 풀어보는 거죠. 시간이 가는 줄 모르고 추리에 몰두하다가 정답을 발견할 때의 그 짜릿함이란! 추리 놀이는 머리로 생각하는 일도 신나고 재미있을 수 있다는 것을 보여줍니다.

그런데 추리 문제를 푸는 일도 재미있지만 추리 문제를 만드는 일은 어떨까요? 그 사람들의 머리는 어떻게 되어 있기에 그토록 손에 땀을 쥐게 하는 추리 문제나 게임, 이야기를 지어낼 수 있을까요? 사실 여러분도 추리 문제를 지어낼 수 있답니다. 한번 연습해볼까요?

우선 알고 있는 쉬운 추리 문제를 다른 친구에게 자세히 하나씩 설명해보세요. 그러면 내가 어느 부분에서 확실히 알고 있는지, 또 모르는지 판단할 수 있게 되죠. 그러면 추리 자체도 더 잘할 수 있고 추리 문제를 만드는 것에도 노하우가 생길 거예요. 이번 철학 수업에서는 신나게 이런 추리, 저런 추리를 생각해보면서 놀아볼까요?

착시와 착각,
그리고 마법!

다음 그림을 볼까요? 오른쪽 그림을 가리고 왼쪽 그림만 보세요. A와 B의 색깔이 선명히 다르게 보이지요? B가 더 밝게 보입니다. 자, 이제 오른쪽 그림에서 A와 B를 겹쳐 보세요. 밝기가 똑같지요? 거짓말 같은가요? A와 B를 연결시켜 놓은 부분을 다시 가려보세요. 그러면 왼쪽 그림과 같이 B가 더 밝아 보일 거예요.

아니 그럴 리가 없다고요? 믿기지 않나요? 하지만 사실입니다. 우리는 우리가 보는 것, 듣는 것, 만지는 것이 매우 정확하고

분명하다고 생각하지만 반드시 그렇지만은 않아요. 착각과 착시가 있답니다. 나만 착각하는 게 아니라 우리 모두에게 공통적으로 나타나는 착각입니다. 앞의 그림에서 착각이 왜 생겼는지 천천히 생각해볼까요?

이 그림들을 볼 때 우리는 A와 B만 보고 있는 것 같지만 사실은 아니랍니다. B만을 보는 것 같지만 사실은 B와 B 아닌 부분을 동시에 비교하면서 보고 있는 거예요. 또 A만 보는 것 같지만 사실은 A와 A가 아닌 부분을 동시에 비교하면서 보고 있죠. B가 A보다 더 밝게 보였던 것은 B 옆의 색깔이 아주 어둡기 때문입니다. 또 A가 더 어둡게 보였던 것은 A 옆에 아주 밝은 색깔이 딱 붙어 있기 때문이에요. 이것을 '착시 현상'이라고 합니다.

자, 그림을 하나 더 볼까요? 다음 페이지의 그림은 에서라는 화가가 그린 〈하늘과 물〉이라는 작품입니다.

어떤가요? 그림 윗부분만 보면, 흰 바탕에 검은 새들이 날아가는 것으로 보이는데, 밑으로 내려올수록 검은 바탕에 흰 물고기들이 헤엄치고 있는 것으로 바뀌었지요? 화가는 왜 이렇게 착시를 일으킬 수 있는 그림을 그렸을까요? 에서는 이런 착시 그림을 통해 뭔가를 말하고 싶었던 게 틀림없어요. 그것이 무엇인지 짐작할 수 있나요?

에서는 우리가 흔히 확실하고 분명하다고 믿는 것들이 사실

에셔, 〈하늘과 물〉, 목판화, 439×435mm, 1938.

은 그렇지 않다고 말하고 싶었던 것일까요? 그는 종이 위에 그려진 도마뱀이 갑자기 툭 튀어 오르는 것처럼 보이는 그림도 그렸고, 올라가는 것 같기도 하고 내려가는 것 같기도 한 이상야릇한 계단을 그리기도 했습니다. 이런 그림들을 그리면서 스스로도 몹시 흥미로웠을 것 같아요. 인간의 착각과 실수를 탐구의 대상으로 삼으면서 말이죠.

자, 그렇다면 착각은 왜 생길까요? 실수와 착각은 두뇌가 판단하고 추리하는 과정에서 다른 것에 방해를 받기 때문입니다. 여러분은 동화 『왕자와 거지』의 내용을 잘 알고 있지요? 사람들은 의외로 겉모습에 의해 판단을 많이 합니다. 옷을 허름하게 입었다고 모두 가난하지는 않고, 활짝 웃고 있다고 모두 행복하지는 않죠. 겉모습만 보고 사람의 속마음이나 성품을 판단하면 잘못을 저지를 가능성이 생깁니다. 어쩌면 에셔는 우리 생활 속에서 이렇게 굳어진 편견을 없애고 우리의 두뇌, 생각의 고정적 틀을 벗어나 자유로워지자고 말하고 싶었는지도 모릅니다.

착시와 착각이 반드시 불쾌한 것만은 아닙니다. 오히려 착각과 착시를 활용해서 환상적인 놀이와 예술을 만들어낼 수 있어요. 그게 바로 매직magic, 그래요. 마법입니다! '해리 포터 시리즈'가 기억나지요? 그런 마법을 생각하면 정말 신나죠. 〈메리 포핀스〉라는 음악영화를 본 적이 있나요? 안 본 사람은 꼭 찾아서

보도록 해봐요. 이 영화를 보면 이 세상에서 가장 긴 영어 단어로 노래를 부르기도 하고 사람들이 웃으면 몸이 붕 떠올라서 방 천장 위에 대롱대롱 떠 있는 장면이 나오기도 한답니다. 아주 재미있어요. 특히 마법 같은 부분은 메리 포핀스와 친구들이 길바닥에 그려진 그림 속 세계로 풍덩 뛰어들었을 때의 장면입니다. 갑자기 그림 속 세계가 현실이 되는 거지요. 해리 포터 영화에서도 벽 속으로 들어가면 새로운 세계가 펼쳐지지요. 꿈과 상상이 현실로 되는 것, 마법이지요! 착각과 착시를 통해 마술 게임을 할 수도 있고, 환상과 현실을 뒤섞어 영화적인 마법의 세계도 만들 수 있습니다. 이 두 가지 모두 '추리'를 '뒤섞는 것'입니다.

셜록 홈스의
추리 비법

셜록 홈스의 인기는 대단하지요? 홈스처럼 추리하는 방법을 '귀납추리'라고 합니다. 홈스의 '귀납추리'는 그리 낯선 것이 아닙니다. TV에서 프로파일러, 범죄심리분석관이 하는 말을 들어보았다면 익숙할 것입니다. 홈스의 추리 비법은 바로, 눈으로 관찰할 수 있는 증거나 사례를 잘 종합해서 어떤 결론을 딱! 내리는 것입니다. 예를 들어볼까요?

(관찰 증거 1) 1,000년 전에 태어났던 고양이들은 죽었다.

(관찰 증거 2) 100년 전에 태어났던 고양이들도 죽었다.

(관찰 증거 3) 20년 전에 태어났던 고양이들도 죽었다.

(확률적 결론) 이 고양이도 죽을 것이다.

1,000년 전의 고양이가 죽었다는 것을 확인할 수 있을까요?

확인할 수 있습니다. 또 100년 전의 고양이가 죽었나요? 그렇지요. 확인할 수 있습니다. 이렇게 계속 반복합니다. 이제까지 태어났던 고양이가 모두 죽었다면 아직 살아 있는 고양이도 '모두 죽을 것'이라는 '확률적'인 결론을 추리해낼 수 있겠지요? 그동안 사람들이 관찰했고 경험했던 사실들을 추리해보고 그것들로 결론을 내리는 방법이 바로 셜록 홈스의 귀납추리입니다.

그런데 추리할 때에는 착각이나 잘못이 있을 가능성이 항상 있답니다. '모든 고양이는 죽을 것이다'라고 '확률적'인 결론을 내리면서 어떤 사람이 "이건 100프로 확실해"라고 말한다면 어떨까요? 맞아요. 100프로 확실한 진리라고 말하기는 어려워요. 우리가 이제까지 눈으로 관찰하고 경험으로 알 수 있었던 사실을 보면 '모든 고양이는 죽을 것이다'라는 결론이 틀린 것은 아니지만, 그렇다고 앞으로 어떤 고양이가 출현할지는 사실 모르잖아요.

그래서 홈스같이 추리하는 사람들은 정직해야 한답니다. 결론을 내리기 전에 반드시 "이제까지의 단서나 증거를 살펴본다면"이라는 말을 먼저 해야 합니다. 그리고 '새로운 단서나 새로운 증거가 나타난다면' 언제든지 결론을 바꿀 수 있겠죠.

결론이 틀림없이 옳다고 정해놓고 그에 맞추어서 이런저런 이유들을 꿰어 맞추려 한다면 정직한 탐정, 올바른 수사관의 태도가 아니겠지요? 홈스의 추리소설이 재미와 통쾌함을 안겨주는 것은 자기 고집보다는 늘 객관적 사실과 관찰을 통해 문제를 해결하기 때문입니다. 그러면서 하나씩 감추어졌던 것들을 끌어내죠.

셜록 홈스처럼 추리를 잘할 수 있는 비결은 무엇일까요? 평소에 사소한 것들에 호기심을 가지면 됩니다. 무심코 지나치기 쉬운 것들에도 눈길을 주는 습관을 가져보세요. 홈스는 사소한 '단서'들을 가지고 멋지게 귀납추리를 했습니다. 사람의 말과 행동, 물건과 장소의 흔적이나 단서들을 아주 잘 '관찰'했죠. 사소하게 내뱉는 말 한마디, 무심코 한 행동 하나를 놓치지 않았습니다. 그리고 머릿속에서 풍부한 사례를 떠올려 과거의 일이나 미래의 일을 연결해 추리해냈답니다.

물론 귀납추리는 그 사람의 말과 행동을 잘 해석해낼 수 있는 경험이 풍부해도 얼마든지 틀릴 위험이 있습니다. 보기 좋게 빗나갈 수 있습니다. 추리의 오류를 저지를 수 있는 것이죠.

우리가 흔히 저지르는
세 가지 추리의 오류

우리는 추리가 잘못된 방향으로 나아갈 수도 있다는 것을 꼭 명심해야 합니다. 그래서 이제부터는 사람들이 흔히 저지르는 추리의 오류 몇 가지를 살펴보겠습니다.

일부의 모습만 보고 전체를 판단하는 경우가 있습니다. 일부는 일부일 뿐인데 전체가 다 그럴 것이다라고 판단하는 오류를 '일반화의 오류'라고 합니다. 일반화의 오류는 사람들이 흔히 저지르는 대표적인 추리의 오류입니다. 그런데 이로운 점도 있어서 쉽사리 고쳐지지 않기도 해요.

'일부의 모습만 보고 전체를 판단하지 말라'고 하지만 그 전체가 너무 크면 일일이 다 볼 수 없잖아요? 하나하나 다 확인하다가는 아무것도 못하고 말 거예요. 그래서 일부만 뽑아볼 수밖에 없습니다. 그러니까 우리는 모두 어느 정도 일반화의 오류를 저지른답니다. 다만 일부를 보더라도 전체를 보는 것과 크게 다르지 않도록 지혜를 모아 바른 방법을 찾을 수밖에 없어요. 일부만 보더라도 전체를 알 수 있는 추리, 일반화의 오류를 저지르지 않을 수 있는 지혜로운 추리가 필요한 거예요.

또 다른 오류를 말해볼게요. 누가 나한테 무엇인가를 지적했다고 해봐요. 그 내용을 잘 들어보고 반박을 하거나 비판을 하는 게 아니고, 욱! 하고 화가 나 "당신도 잘못했잖아요"라고 말할 때가 있지요? 기분이 나빠서 그럴 수 있습니다. 그리고 자격이 없는 사람이 함부로 지적한다고 생각할 수도 있어요. 자기도 담배를 피우면서 상대방에게 담배를 피우지 말라고 한다든가, 자기도 강아지를 학대하면서 상대방에게 동물을 보호하라고 하는 사람이 있으면, 우리는 무심코 이렇게 말할 거예요. "당신도 똑같이 잘못하고 있잖아요!"

그런데 이런 식의 대응은 감정적으로 이해가 되지만, 올바른 반박이라고 할 수는 없답니다. 이것을 '피장파장의 오류'라고 부릅니다.

누가 이런 주장을 했다고 해봐요. "화를 자주 내는 것은 건강에 좋지 않습니다. 인간관계에도 좋지 않고요." 그 말을 들은 누가 곧바로 "당신도 화를 자주 내잖아요"라고 말했다면, 과연 그 사람은 주장을 올바로 비판한 것일까요? 그렇지 않습니다. 물론 실제로 화를 잘 내는 사람이 교훈하듯 남에게 자주 말하면 그런 생각이 들겠지요. 하지만 올바른 반박이 되려면, "화를 내는 것이 때로는 정신건강에도 좋고 진실한 인간관계를 맺기 위해서도 필요하다"는 식이어야 해요. 무작정 "당신도 화를 내니까 그 주장은 받아들일 수 없다"고 말한다면 '피장파장의 오류'를 저지르는 거랍니다.

마지막으로 생각해볼 추리의 오류는 '돌고 돌아가는 오류'예요. '순환의 오류'라고 말하기도 합니다. 예를 들어볼게요. 『어린 왕자』라는 책에서 어린 왕자는 여러 사람들을 만나게 되지요. 그 중 술주정뱅이 아저씨가 있어요. 술주정뱅이와 어린 왕자가 나눈 다음의 대화를 보세요.

어린왕자 : 왜 술을 마시고 계세요?

술주정뱅이 아저씨 : 잊어버리려고 마시는 거야.

어린왕자 : 무얼 잊어버리려는 건데요?

술주정뱅이 아저씨 : 부끄러운 것을 잊어버리려고 해.

어린왕자 : 뭐가 부끄러운데요?

술주정뱅이 아저씨 : 내가 이렇게 술을 마신다는 게 부끄러워.

어때요? 대화가 뱅글뱅글 돌아가고 있지 않나요? 어린왕자는 고개를 갸우뚱거립니다. '어른들이란 참으로 이상하구나'라고 생각했을 거예요. '아니? 술 마시는 게 부끄럽다면, 술 마시는 행동을 당장 그만두면 되잖아?' 맞아요. 하지만 행동을 고치지는 않고 말로만 어떤 이유를 말해야 하는데 그 이유를 꼬리에 꼬리를 물고 돌아가는 듯이 대답합니다. 술주정뱅이 아저씨는 행동의 결과가 다시 이유가 되는 변명을 하면서 추리의 오류를 저지르고 있는 거예요.

그런데 솔직히 선생님은 이 대화가 예전에 보았을 때와는 다르게 느껴진답니다. 여러분도 그러고 싶지만 마음대로 안 되는 게 있잖아요? 다이어트를 해서 날씬해지고 싶고, 공부를 잘해서 우등생이 되고 싶고, 운동을 잘하고 싶고, 친구들과 잘 어울리는 밝은 성격을 갖고 싶은데, 마음대로 안 되기도 하죠. 그래서 자신에게 실망하거나 스트레스를 받아서 오히려 더 먹게 되고, 공부도 게을리하고, 운동도 안 하고 집에만 있기도 하잖아요.

어른들도 마찬가지랍니다. 모두 다 완벽한 사람은 아니기 때문입니다. 연민의 눈으로 보면 순환의 오류를 저지르는 사람의 모습이 조금은 이해가 되기도 하겠죠.

위험하지만,
아름다운 유비추리

이번에는 추리의 꽃이라고 할 수 있는 '유비추리'에 관해 배워보도록 하겠습니다. 유비추리는 하나의 관계가 갖고 있는 특징을 통해 또 다른 관계의 특징을 추리하는 것이랍니다. 알게 모르게 일상생활에서 꽤 많이 사용되고 있는 추리예요.

부모와 자식의 관계는 닭과 무엇의 관계와 비슷하지요? 그래요. 닭과 병아리의 관계와 비슷하지요. 뭐라고요? 닭과 달걀의 관계라고 하면 안 되냐고요? 설명해볼 사람 있나요? 달걀이라고 하려면 차라리 배 안의 아기라고 해야 한다고요? 하하.

유비추리는 흔히 사용되는 만큼 정확하지 않게 사용되기도 해요. 아주 매력적이지만 그만큼 위험하기도 한 추리죠. 예를 들어볼까요? 어떤 사람이 이런 연설을 했습니다.

여러분! A민족 사람들이 우리나라에 살고 있는 것은 마치 더러운 벌레들이 깨끗한 방에 살고 있는 것과 마찬가지입니다. 그러니까 방이 다시 깨끗해지려면 청소를 해야 하듯이 이 사람들을 우리나라에서 없애야 합니다.

어떤가요? 좀 오싹하지 않나요? 저런 연설을 한 사람이 실제로 있다면, 제정신이 아닐 거예요. 이 사람의 연설에는 유비추리의 위험이 고스란히 들어 있답니다. A민족 사람들이 더러운 벌레와 같고 우리나라가 깨끗한 방과 같다고 보고 있지요? A민족 사람들을 없애는 것을 마치 방청소하는 것처럼 말하고 있잖아요. 만약 어떤 정치인이 유비추리를 교묘히 이용해 대중의 지지를 얻고, 그 지지를 수단으로 삼아 국가의 중요 정책을 결정해 버린다면 얼마나 위험하겠어요?

그런데 이런 유비추리는 뭐가 정확히 잘못된 것인지 모른 채 무의식적으로 받아들이게 되는 경우가 많습니다. 단순 명쾌하기 때문이죠. 그러니까 조심해야 합니다. 특히 복잡하고 어려운 문제를 단순한 비유로 설명할 때가 있습니다. 이때 유비추리를 유도하기도 합니다.

하지만 멋진 유비추리도 있답니다. 다음의 편지를 보세요. 할아버지가 손녀에게 쓴 편지랍니다.

아이야! 너를 처음 만났을 때 할아버지의 기쁨은 정말 말할 수 없이 컸단다. 네가 한 살씩 나이를 먹어 기어 다니다가 걷기 시작하고, 또 내게 힘차게 뛰어오는 것을 볼 때 아픈 다리가 다 나아 마치 내가 뛰고 있는 듯했지. 아이야. 네가 아침에 떠오르는 싱그러운 햇빛이라면 나는 붉은 저녁 노을빛의 하늘이란다. 너는 이제 막 인생이라는 멋진 초콜릿 상자를 선물로 받았어. 그 상자 안에는 수십 가지 모양의 예쁜 초콜릿들이 들어 있지. 네가 어떤 초콜릿을 선택하든지 간에 그 초콜릿은 너와 잘 어울릴 거야. 너는 다른 사람의 삶을 살지 말고 너 자신의 삶을 예쁘게 펼쳐가면 된단다. -너를 사랑하는 할아버지가

이 편지에는 유비추리가 두 번 사용되고 있어요. 금방 알아볼 수 있겠지요? 할아버지는 손녀와 자신을 아침의 햇빛과 저녁의 노을빛으로 유비추리하고 있습니다. 멋진 표현이지요? 떠오르는 햇살도, 지는 노을빛의 하늘도 모두 아름답잖아요. 어린 사람은 좋기만 하고 늙은 사람은 안 좋기만 한 게 아니에요. 하늘은 떠오르는 햇살, 한낮의 뜨거운 태양빛도 모두 넉넉히 품잖아요. 노인은 어린아이부터 어른에 이르기까지 모두를 넉넉히 품는 존재예요. 정말 좋은 유비추리라고 할 수 있어요.

또 어떤 유비추리가 있었나요? 초콜릿 상자가 인생, 삶과 유

비되고 있지요? 사람의 얼굴과 성격이 제각각이듯 살아가는 삶의 모습도 똑같지 않고 여러 가지입니다. 할아버지는 다양한 삶의 모습을 초콜릿 상자에서 자신의 초콜릿을 선택하는 것으로 유비추리하고 있어요. 이 유비추리도 매우 좋습니다. 어떤 것을 골라도 모두 아름다운 초콜릿이라고 말해주기 때문이에요. 너만의 멋진 삶을 펼치라는 뜻이죠.

남의 삶도 나의 삶과 똑같이 소중한 초콜릿이에요. 누가 우월하고 누가 미천한 게 아니죠. 누구는 높은 자리에 있고 누구는 낮은 자리에 있는 게 아니고요. 할아버지가 손녀에게 주는 사랑의 편지 치고는 아주 문학적입니다. 공부를 열심히 하고 건강하라는 말보다 반짝거리는 지혜가 담겨 있어요.

여러분 중에는 할머니나 할아버지와 친하지 않거나 무섭거나 서먹하게 느껴지는 경우도 있을 거예요. 항상 엄격하시거나 칭찬은 별로 하지 않으시고 대화도 별로 없을 수 있죠. 아니면 반대로 항상 이거 해라, 저거 해라 잔소리가 많을 수도 있어요. 하지만 그분들도 원래는 마음이 큰 저녁노을인데 그 넉넉한 모습들 중 일부분만 보이는 것이라고 생각해보세요. 그러면 이전보다 조금 더 친근함을 느끼게 될 거예요.

추리에 대해 살펴보았습니다. 첫째, 착각과 착시도 일종의 연상추리 작용 때문에 생깁니다. 그리고 착각과 착시 때문에 즐거운 놀이도 가능하다는 것을 알게 되었습니다. 둘째, 귀납추리에 대해 배웠습니다. 셋째, 우리가 흔히 저지르는 추리의 오류인 일반화의 오류, 피장파장의 오류, 순환의 오류를 배웠습니다. 넷째, 유비추리에 대해 살펴보았습니다. 유비추리는 즐거운 게임 같지만 약간 위험한 매력을 지니고 있기도 합니다.

세상을 사는 일이 힘들고 고달퍼서 낙심하고 슬픈 일이 있어도 우리는 저마다 꿋꿋하게 용기를 내어 살아가고 있습니다. 어차피 언젠가는 죽게 되는데 말이에요. 도대체 사람들로 하여금 열심히 살아가도록 하는 힘은 무엇일까요? 사람들한테 직접 물어보아도 속 시원한 답을 얻을 수 없어요. 그 사람 자신도 모를 수 있고, 그 사람이 하는 말이 진짜가 아닐 수도 있거든요. 그렇다면 '어떤 방법으로 추리'해서 답을 얻을 수 있을까요? 정답은 바로 그 속마음부터 찬찬히 들여다보는 연습이랍니다.

사실 추리를 할 때 주의해야 할 점은, 겉으로 드러난 말만으로 추리하는 것이 전부가 아니라는 점이에요. 나를 비롯하여 다른 사람들의 속마음을 추리하는 지혜를 가지는 것이 더 중요하답니다.

6장
소유와 주인의식

장래희망이 건물주라는 학생들이 적지 않습니다. 크고 멋진 건물의 주인이 되면 돈을 많이 벌 수 있기 때문일까요? 어떤 친구는 놀이공원이나 가상현실 게임장의 주인이 되고 싶어 합니다. 또 얼마 전 TV에서는 돈과 재산을 엄청나게 소유하고 있어서 행복한 사람들과 아무것도 소유하지 않아서 행복한 사람들이 사는 모습을 비교하는 프로그램도 있었지요.

이번 철학 수업 주제는 '소유'입니다. 나의 방, 나의 옷, 나의 신발 등 내가 소유하는 것이 있다면 기분 좋은 일입니다. 나만의 소유가 아니라 공동으로 소유하는 것도 있습니다. 내가 가족과 함께 사는 집은 나만의 것은 아니지만 아끼고 돌봐야 하는 곳이지요. 나의 학교와 나의 나라도 그렇고요.

그런데 어디까지가 나의 것이고 또 어디까지가 남의 것일까요? 우리 모두의 것도 있나요? 주인이 따로 있는 것과 없는 것의 차이는 무엇일까요? 주인이어도 마음대로 할 수 없는 것이 있을까요? 반대로 내 마음대로 할 수 있지만 내가 주인이 아닌 것도 있을까요? 지금부터 함께 생각해보겠습니다.

주인이 있는 것, 주인이 없는 것, 주인이 있어서는 안 되는 것

내 머리카락의 주인은 누구일까요? 뭐라고요? 하나님이라고요? 내 부모님이라고요? 그런 대답도 완전히 틀린 것은 아니에요. 신앙심이 깊은 사람은 자기 소유는 하나도 없고 모두 신이 주신 선물이라고 믿는답니다. 또 조선시대 사람들은 자기의 머리카락조차 부모님께서 물려주신 것이니 함부로 다루면 안 된다고 믿었어요. 그래서 일본이 우리나라를 식민지로 삼고 그들 마음대로 '머리를 기르지 말고 잘라라'라는 법령(단발령)을 발표했을 때 강하게 저항했습니다. "너희들이 누군데 감히 우리 부모가 물려주신 머리카락을 자르라 말라 강요하는가?" 이렇게 사람들은 항의했어요. 하지만 지금의 우리는 내 머리카락은 내 것이라고 생각합니다. 내 머리카락의 주인은 나이지요.

그럼, 이제부터 한번 분류해보기로 할까요? 다음 보기에 나와 있는 것들을 '주인이 있는 것'과 '주인이 없는 것'으로 나눠보는 겁니다.

　내 학용품, 공기, 하늘, 내 인형의 머리카락, 내 안경, 우주, 내 신발, 뒷산의 도토리나무 열매, 언니 옷, 엄마 화장품, 우리 집, 아빠 구두, 바다, 태양, 아시아나 항공 비행기, 남대문, 아리랑 노래, 피카소의 그림, 우리 집 고양이

　주인이 있는 것부터 말해볼까요? 내 학용품, 내 머리카락, 내 안경, 내 신발, 언니 옷, 엄마 화장품, 우리 집, 아빠 구두, 우리 집 고양이는 확실히 주인이 있는 것이 맞죠? 남대문은 우리나라 문화재이니까 우리나라가 주인이에요. 뒷산의 도토리나무 열매는 그 산을 소유한 사람이 주인이고요. 그럼 이번에는 따로 주인이 없는 것을 말해볼까요? 공기, 하늘, 우주, 바다, 태양이 그렇겠네요?

　그런데 하늘이나 바다는 좀 달라요. 현재 지구의 모든 나라가 자기 나라의 하늘과 바다를 자기들 것에 포함시키고 다른 국가가 함부로 사용하지 못하게 법으로 정했답니다. 그러니까 이것도 어느 정도는 주인이 있다고 말할 수 있겠지요? 공기와 우주, 태양은 주인이 없는 것이 되겠네요.

　피카소의 그림과 아리랑 노래는 어떨까요? 피카소의 그림은

주인이 있을까요? 상반된 의견이 있을 수 있어요. 피카소가 그렸으니까 피카소가 주인이었다가 피카소가 죽은 후에는 그림을 산 사람이 주인이 되는 것이다. 그러니까 피카소 그림에는 주인이 있다. 설득력이 있지요?

그럼 이번에는 주인이 없다는 쪽의 의견을 말해보도록 하죠. 피카소의 그림이든 아리랑 노래든 주인이 없는 것 아닌가요? 누구나 다 그림을 감상할 수 있고 노래할 수 있잖아요. 주인이 있을 수 없는 거죠.

말을 조금 바꾸어보겠습니다. 주인이 있을 수 없는 것은 주인을 만들면 안 되는 것이라는 뜻이에요. 주인을 만들면 모두가 불편하고 힘들어지기 때문이죠. 누구라도 자유롭게 보고 듣고 즐길 수 있어야 해요. 자, 어떤가요? 이런 의견에 대해 어떻게 생각하나요?

여기에 다시 반대 의견을 말할 수도 있어요. 힘들게 노래와 그림을 만들었는데 주인이 없다고 한다면 그 사람은 억울하잖아요. 그리고 다른 사람이 베껴서 자기가 만들었다고 하면 어떻게 해요? 그러니까 예술도 주인이 있어야 해요. 이처럼 혼신의 노력을 다해 노래 부르는 음악가나 화가를 생각하지 않고 노래나 그림만 떠오르는 경우는 거의 없어요. 영국의 성악가 캐슬린 페리어는 암 투병 중에도 노래를 부르다가 쓰러져 41세에 아깝게 숨을 거두었지만 그녀의 아름답고 깊이 있는 목소리는 수많은 사람들의 마음에 항상 살아 있지요. 또한 화가 샤갈의 그림이 없었다면 그렇게 예쁜 색채의 그림을 우리는 감상하지 못했을 거예요. 이처럼 주인이 있다고 해서 그 노래를 못 부르거나 그림을 감상하지 못하는 건 아니잖아요. 주인을 잘 인정해주고 노래하면 되고 그림을 보면 되죠. 이런 의견도 설득력이 있습니다.

그래서 이제 질문은 단순히 '주인이 있는 것'과 '주인이 없는 것' 두 가지가 아니라 '주인이 있으면 안 되는 것' 또는 '주인이 있을 수 없는 것'으로 더 나눠보는 게 좋겠습니다. 이렇게 생각해보기 시작하면 여러분은 철학 토론에 참여하게 되는 것이랍니다. 철학 토론은 흔히 모두에게 분명하다고 생각되었던 것들을 다시 살펴보는 기회입니다. 사실은 그렇지 않을 수도 있다고 보고 마음껏 따져보는 것은 아주 중요한 생각 연습이랍니다.

주인이라는 게
뭘까?

주인이라는 것은 뭘까요? 어떤 것의 주인이 나라고 해볼까요? 내가 그것의 주인이라면 나는 그것에 대해 어떤 일을 할 수 있나요? 그래요. '내 마음대로' 할 수 있죠. 이 지우개의 주인이 나라면, 나는 이 지우개를 마음대로 할 수 있지만 내가 아닌 다른 사람은 내 지우개를 마음대로 할 수 없을 거예요. 잠깐 사용하려고 해도 내 허락을 받아야 하지요. 무엇의 주인이 된다는 것은 그것에 대해 '내 마음대로 할 수 있다'는 뜻입니다.

하지만 이런 경우를 생각해볼까요? 내가 기르는 강아지나 고양이는 내가 주인인데 '내 마음대로' 할 수 있을까요? 절대 아니지요. 선생님과 9년째 함께 살고 있는 고양이 봉봉이는 정말로 '자기 마음대로' 살고 있습니다. 절대 내 마음대로 못하지요. 내가 봉봉이의 주인이라도 말이에요. 그렇다면 주인이라는 건 '내 마음대로 할 수 있는 권리'보다는 '내게 보호하고 아낄 의무'

가 있는 것이라고 해야 할까요?

권리와 의무가 모두 있는 것이겠지요. 동물이나 식물과 같은 생명체에 대해서는 물론이고, 우리가 가지고 있는 물건들에 대해서도 마찬가지랍니다.

주인이 있는 집과 주인 없이 버려진 집에는 어떤 차이가 있을까요? 머릿속에 떠올려보세요. 주인이 사는 집은 청소도 항상 잘되어 있고 꽃과 나무가 심긴 정원이 있다면 관리가 잘되어 아름답고 싱싱할 거예요. 하지만 주인 없이 버려진 집은 왠지 으스스하고 무섭고 더럽고 잡초가 무성할 것 같지 않나요?

나아가 좀 더 깊이 있게 생각해볼 문제가 있어요. 여러분 각자의 마음을 잘 들여다보세요. 여러분은 모두 여러분 마음의 주인이 나라고 말할 수 있지요? 그래요. 내 마음의 주인은 나입니다. 그런데 내 마음의 주인이 나라고 해서 내가 마음을 '내 마음대로' 할 수 있을까요? 나는 이렇게 하고 싶은데 무의식적으로 반대되는 생각을 품지는 않나요?

또 재미있는 것은 꿈이에요. 여러분은 꿈을 마음대로 꿀 수 있나요? 생각하지도 않던 괴상한 동물이 나타나기도 하고 내가 아주 이상한 행동을 하기도 하잖아요. 오늘은 어떤 꿈을 꾸게 될지 아무도 짐작할 수 없고 말이지요.

우리가 꾸는 꿈이 반드시 나만의 꿈이라고 말할 수 없을 때도 있어요. 오빠와 내가 똑같은 날에 꿈을 꾸었는데 내용이 정말 똑같았던 적이 있어요. 꿈에 나오는 구체적인 인물이나 장소의 모습까지 똑같았다는군요.

이런 생각을 집중적으로 연구한 정신과 의사가 있어요. 칼 융이라는 사람입니다. 융은 우리 인간이 무의식의 세계를 가지고 있고 그 안에서 같은 마음을 가지고 있다고 주장했어요. 아마 맞을지도 모릅니다. 우리는 서로 다른 모습과 다른 생각, 다른 마음을 가지고 살아가고 있는 듯 보이지만 속마음의 세계는 하나로 통하고 있어서 누가 누구라고 말할 수 없고 누가 주인이라고 할 수도 없는 세계를 함께 공유하고 있을지 모르는 거예요. 여러분은 어떻게 생각하나요?

공公,
나의 이익보다 먼저인 것

흰 종이에 필기구를 들고 公이라고 써보세요. 공公이라는 한자는 외우기 쉽고 쓰기도 간단하지요? 그런데 이 글자의 뜻을 올바로 알기는 쉽지 않답니다. 먼저 이 한자가 들어가는 단어들을 생각해볼까요? 공무원公務員, 공공公共질서, 공과금公課金, 충무공忠武公, 공개公開하다, 공직公職, 공권력公權力 등이 있습니다. 공인公人이라는 말도 뉴스에서 자주 볼 수 있지요.

공公이라는 한자는 한 사람에게 제한되어 있지 않고 '모든 사람에게 있는 것'을 뜻합니다. 그런 만큼 '모두에게 숨김없이 드러나는 것'이라는 뜻도 있답니다. 하긴 모든 사람에게 속해 있다면 숨기거나 감춘다고 해도 결국 드러나겠죠.

공公이라는 말은 특히나 요즘에 더 중요한 한자가 되고 있습니다. 얼마 전에 나라의 일을 해야 하는 사람들이 자기의 이익을 위해 국가의 권력을 마음대로 움직였습니다. 그래서 국민들이 화가 많이 났습니다. 모든 사람의 상황과 처지를 고려해야 하기에 어느 한 사람이 마음대로 할 수 없는 것들이 있습니다. 그런데도 자기 이익만을 추구하다 나라를 망쳤던 것이죠.

재미있는 이야기를 해볼게요. 여러분도 들어본 적이 있을지 몰라요. 동화 『새로 나온 달님』에 나오는 이야기입니다. 자, 다음의 내용을 읽어보고 맨 마지막 빈칸 ①과 ②에 무슨 말이 들어갈지 맞춰볼까요?

옛날 어느 왕이 있었다. 왕의 딸 레노르 공주는 병에 걸려 있었다. 레노르 공주는 달을 꼭 갖고 싶어했다. 왕은 레노르 공주가 갖고 싶어 하는 달을 주어 그녀의 병을 고치려고 했다.

"달을 가질 수만 있다면 제 병이 나을 거예요"라고 공주는 왕에게 말했다.

그러나 불행하게도 왕에게는 레노르 공주의 요구를 들어주도록 도와줄 만한 시종장도, 마법사도, 수학자도 없었다. 왕은 절망했다. 오직 마법사만이 공주님이 생각하고 있는 달이 얼마나 큰지, 얼마나 먼 곳에 있는지를 물어볼 생각을 했다.

"달이 얼마나 크다고 생각하시나요?"

"그건 내 엄지손톱보다 조금 작지. 달이 뜰 때 엄지손톱으로 재어보니 달이 가려지던데……" 하고 공주는 말했다.

"그러면 달은 얼마나 멀리 있습니까?" 하고 마법사가 물었다.

"그건 내 방의 창문 밖에 있는 커다란 나무보다는 높지 않아. 가끔 저 나뭇가지 꼭대기에 걸리는걸?" 하고 공주는 말했다.

이 대답을 듣고 마법사는 궁중 금세공사에게 '레노르 공주의 엄지손톱보다 조금 작고 동그란 황금달'을 만들게 해서 금줄에 달아 공주에게 주었다. 그랬더니 레노르 공주는 (①)라고 물어보았다. 이에 마법사는 (②)라고 대답하였다.

빈칸 ①과 ②에 어떤 말이 들어가면 좋을까요? 답은 이렇습니다. 레노르 공주는 "네가 가져온 달이 지금 내 손에 있는데 그렇다면 저기에 여전히 떠 있는 달은 또 뭐야?"라고 물었고 이에 마법사는 "아, 그건 말입니다. 공주님도 이빨이 하나 부러지거나 뽑으면 새로운 이빨이 나잖아요? 달도 마찬가지예요. 새로 나온 달님이랍니다"라고 대답했어요. 재치 있게 넘어간 마법사도 재미있지만, 레노르 공주도 우습지요? 누구도 주인이 될 수 없는 것을 욕심을 내어 가지고 싶어 했잖아요.

'공의 마음公心'에 대해 좀 더 깊이 생각해보고 싶다면『난중일기』를 읽어보세요.『난중일기』를 지은 이순신 장군은 나라에 대한 생각이 늘 한결같았어요. 나라가 자신을 인정해주지 않을 때에도 낙심하지 않았고, 내 이익을 숨기면서 겉으로 나라를 위

한다고 크게 외치는 모습도 아니었어요. 자신의 개인적 처지가
어려워져도 나라의 이익을 먼저 생각하며 '공의 마음'을 실천한
위인이랍니다.

권정생 할아버지의 유언장

자신이 주인이면서도 주인이라는 것을 드러내어 자랑하지 않는 사람도 많습니다. 부자들 중에는 혹시나 세금을 많이 떼일까 봐 자신들의 불법이 탄로날까 봐 주인이라는 것을 숨기는 사람도 있지요. 하지만 '진짜 주인의식'을 가지고 있는 사람도 있습니다. 진짜 주인의식이라는 것은 '나만 가질 거야', '내 마음대로 할 거야'라는 이기적인 마음은 없고 오히려 '우리 모두의 것이니 더욱 소중히 함께 나누고 지켜나가자'라는 마음이랍니다. 앞에서 말한 '공公의 마음'이 바로 이런 마음이라고 할 수 있어요.

여러분은 어렸을 때 『강아지똥』을 읽어봤을 거예요. 이 동화는 노래와 연극으로도 만들어지면서 오늘날까지 많은 사람들에게 사랑을 받고 있어요. 권정생 할아버지가 이 아름다운 철학동화를 쓰게 된 배경을 말해줄게요.

권정생 할아버지는 몸이 너무 아파서 누워 있었어요. 그러다 마당 한 귀퉁이에 강아지가 똥을 눈 것을 보게 되었고, 시간이 흘러 그곳에서 아름다운 민들레가 피어난 것을 우연히 발견하고는 감동을 받으셨다고 해요. 그 감동으로 『강아지똥』이라는 이야기를 짓게 된 것이지요.

권정생 할아버지는 돌아가시기 전에 유언장을 남기셨어요. 이제 유언장의 일부를 여러분과 함께 읽어보려고 해요. 유언장에는 다음의 내용이 적혀 있었습니다.

내가 쓴 모든 책은 주로 어린이들이 사서 읽는 것이니 여기서 나오는 인세를 어린이에게 되돌려주는 것이 마땅할 것이다. 만약에 관리하기 귀찮으면 OOO 신문사에서 하고 있는 남북 어린이 어깨동무에 맡기면 된다. 맡겨놓고 뒤에서 보살피면 될 것이다. (……) 죽으면 아픈 것도 슬픈 것도 외로운 것도 끝이다. 웃는 것도 화내는 것도. 그러니 용감하게 죽겠다. 만약에 죽은 뒤 다시 환생을 할 수 있다면 건강한 남자로 태어나고 싶다. 태어나서 25살 때 22살이나 23살쯤 되는 아가씨와 연애를 하고 싶다. 벌벌 떨지 않고 잘할 것이다. 하지만 다시 환생했을 때도 세상엔 얼간이 같은 폭군 지도자가 있을 테고 여전히 전쟁을 할지 모른다. 그렇다면 환생은 생각해봐서 그만둘 수도 있다.

−이충렬, 『아름다운 사람 권정생』 130쪽에서 인용, 산처럼, 2018.

권정생 할아버지가 쓰신 유언장 내용 중에서 뭉클하게 와닿는 부분이 있었나요? 아마 사람마다 느낌이 다를 거예요. 선생님은 이 부분이 뭉클했답니다. "내가 쓴 모든 책은 주로 어린이들이 사서 읽는 것이니 여기서 나오는 인세를 어린이에게 되돌려주는 것이 마땅할 것이다." 이렇게 말씀하신 내용은 무슨 마음이었을까요?

　　사실 권정생 할아버지는 아주 가난하게 사셨던 분이랍니다. 권정생 할아버지는 '내 동화의 내용은 비록 내가 쓴 것이지만 따로 주인이 있는 게 아니다. 어린이들 모두의 것이다'라고 생각하신 것이 아닐까요? 그러니까 할아버지가 받는 인세도 어린이들을 위해 사용하도록 재단에 맡기겠다는 뜻이었을 거예요.

　　권정생 할아버지가 지은 『강아지똥』의 내용처럼, 너도 나도 더럽다고 피하는 똥이 사실은 아름다운 민들레꽃을 피어나게 하듯이, 궂은일을 해주는 분들이 있어서 우리가 사는 세상이 아름다울 수 있습니다.

　　우리 모두가 부자를 꿈꿉니다. 많은 것들을 소유하고 싶고, 주인으로서 특권을 누리고 싶어 합니다. 하지만 부자가 되기 위한 방법이 가난한 사람들에게 피해를 주는 것이거나 자신의 이익만을 생각하는 이기적인 것이라면 진짜 주인의식을 갖고 있는 것이 아닙니다.

권정생 할아버지는 우리 모두의 마음에 공公의 마음을 틔우는 씨앗들을 심고 가셨습니다. 그 마음을 배운다면 진짜 주인의식의 건강한 새싹을 틔울 수 있을 것입니다.

소유와 주인의식에 대해 살펴보았습니다. 첫째, 주인이 있는 것과 주인이 없는 것, 그리고 주인이 있어서는 안 되는 것들에 관해 생각해보았습니다. 둘째, 무엇인가의 주인이 된다는 것에 관해 생각해보았습니다. 주인은 자기 것을 마음대로 할 수 있지만 여기에는 책임이 따릅니다. 권리와 의무가 모두 있는 것이죠. 셋째, 주인이면서도 나의 사사로운 이익을 생각하지 않는 마음이 공公의 마음이라는 것을 배웠습니다. 넷째, 공의 마음을 깨닫고 실천하는 삶이 진짜 주인의식을 가진 삶이라는 것을 말하였습니다. 그것은 이순신 장군과 권정생 할아버지의 마음을 닮는 것입니다.

주인의 반대말이 뭘까요? 옛날식으로 생각하면 노예를 떠올릴 수 있습니다. 노예들은 자기 마음대로 할 수 있는 것이 거의 없었고 주인이 시키는 대로 움직여야 했으니까요. 우리가 사는 현대사회에는 노예가 없습니다. 그렇지요? 아니라고요? 겉으로는 노예가 아닌 것 같지만 속으로는 노예처럼 사는 사람들이 있다고요? 맞아요. 그럴지도 모릅니다.

자기 자신은 잊은 채 욕망이나 돈을 주인으로 섬겨가며 노예처럼 살아가는 사람들이 있습니다. 그렇게 사는 사람을 가리켜 옛날 우리 조상들은 '욕심의 노예'로 사는 사람이라며 경계했답니다. 욕심의 노예, 돈의 노예로 사는 사람은 스스로는 물론 주변 사람까지 불행하게 만들 수 있답니다. 여러분은 어떤가요?
지금 이 순간 내 삶의 진정한 주인으로 살고 있나요?

7장
'화'나는 마음

봄이나 가을의 날씨는 화창하고 쾌적하지만 여름의 무더위와 겨울의 추위는 우리 기분까지 변화시킵니다. 또한 컨디션이 좋지 않거나 짜증나는 일이 생기면 아무 것도 하기 싫어집니다. 화가 나고 짜증이 나는 날도 많아집니다. 친구의 말이 거슬리기도 합니다. 내 마음대로 되지 않아 화가 납니다. 혼자서 조용히 쉬고 싶기도 하지만 외롭기도 합니다.

화가 나는 일이 생겼을 때 여러분은 어떻게 하나요? 맛있는 것을 먹나요? 친한 친구와 수다를 떠나요? 게임에 몰두하나요? 드라마에 푹 빠지나요? 어떤 사람은 일생이 '화'로 똘똘 뭉쳐 있는 듯 보이기도 합니다. 얼굴 표정도 항상 어둡고 입꼬리는 아래로 내려가 있으며 만나는 사람마다 시비를 걸거나 화를 내서 따돌림을 받기도 합니다. 그러다 화를 참지 못해 싸움이 나기도 하고요.

왜 나를 무시하는 거야? 왜 내 말과 행동에 참견이야? 왜 나를 비난하고 모욕하는 거야? 불끈불끈 이런 감정이 솟는다면 혹시 분노조절장애일까요? 예전보다 왜 자주 화가 날까요? 이번

철학 수업에서는 '화'나는 마음에 대 생각해보겠습니다. 화! 너의

정체는 과연 무엇이냐?

우리가
화나는 이유

요즈음 분노조절장애를 호소하는 학생들이 점점 늘고 있습니다. 예전보다 화를 참기 힘들고 화가 자주 나고 일단 화가 나면 폭력적인 행동으로 나타난다고 합니다. 언제부터인가 분노조절장애라는 말이 뉴스에 자주 나오기도 합니다. 분노조절장애에 대한 다음의 신문기사 내용을 함께 읽어볼까요?

적대적 반항장애나 분노조절장애 유병률이 높아지고 있다는 것이 큰 사회적 문제가 되고 있다. 그러나 더 큰 문제는 저연령층화 되고 있다는 사실이다. 과거에는 '고3'이 무서운 나이라고 했는데 언젠가부터 '중3'이 더 무섭다는 이야기가 많아졌다. 그것도 잠시, 10여 년 전부터는 오히려 '중2병'이라는 용어가 대세가 됐다. 근래에는 중학생이 아니라 초등학생들의 폭력적인 경향이 증가한다는 보고가 있었다. 최근 서울대에서 조사된 연구발

표에 의하면 초등학생 중 20퍼센트가량이 적대적 반항장애 환자로 분류된다고 보고됐다. 어린아이들이 설마 했지만, 곰곰이 생각해보면 초등생들의 폭력적 경향이 증가한 것은 충분히 관찰되는 사실이다. 초등학교 3학년 정도만 되어도 아이들 사이에서 내부적으로 약자를 공격하는 왕따 현상이 증가하는 것을 볼 수 있다. (중략) 반 구즌 교수는 적대적 반항장애 증가의 원인을 DHEAS의 유입이라고 지적했다. 그 결과 안드로겐이 증가하는 것이라 했다. DHEAS의 증가 원인이 되는 음식은 대체로 밀가루나 유제품, 식품첨가물 등으로 결국 인스턴트식품과 정크푸드가 아이들의 폭력화현상을 부채질한다는 것이다.

-뉴스토마토, 2019년 5월 10일자 기사

선생님이 지난여름에 겪은 일을 말해볼게요. 무더운 날씨에 일하고 피곤한 몸으로 집에 가던 길이었어요. 지하철에서 겨우 자리를 잡아 앉았는데 맞은편의 술 취한 아저씨가 통화를 하고 있었어요. 그런데 아주 큰 소리로 화를 내고 있었어요. 잠시 동안은 참을 수 있었는데 계속 고함치고 화를 내니 견디기가 쉽지 않았답니다. 어떤 사람이 다가가서 조용히 말하라고 주의를 줬지만 소용이 없었어요. 그 아저씨는 정말 쉬지 않고 떠들어댔습니다. 나의 분노 게이지가 끝까지 올라갔답니다.

그런데! 내가 내리는 역에 그 아저씨도 같이 내렸습니다. 가는 방향이 같았는지 아저씨는 내 뒤쪽에서 걸어왔고 우리는 같은 횡단보도에 멈춰 섰습니다. 아저씨는 그동안에도 전화기에 대고 계속 호통을 치고 화를 내고 있었어요. 드디어! 파란불이 켜지고 나서야 그와 멀어질 수 있었답니다. 도저히 정상적인 사람처럼 보이지 않았어요. 누군가가 내 모습을 가만히 지켜보고 있었다면, 소리만 내지 않았지 계속 화가 나 있는 모습이었을 거예요.

사람들은 왜 화를 낼까요? 너무 당연한 질문일까요? 시끄럽게 화를 내는 그 중년 남자가 나를 화나게 했지요. 그 남자는 왜 계속 화를 냈을까요? 뭔가 이유가 있었겠죠. 사람들이 화를 내는 이유는 셀 수 없이 많을 거예요. 대부분의 사람은 자기가 원하는 대로 일이 진행되지 않거나 다른 사람의 행동 때문에 화를 낼 수밖에 없다고 생각합니다. 하지만 정작 화를 내는 진짜 이유에 대해 곰곰이 생각해보는 경우는 잘 없습니다.

사람들은 자기도 모르게 버럭 화를 내고는 합니다. 그래서 화가 '난다'고 하는 거예요. 화를 내고 있는 자신의 모습을 잠깐이라도 본다면 당황할지 몰라요. 왜 저런 말을? 왜 저런 행동을? 왜 저런 모습을? 하고 부끄러워할지도 모르죠.

사랑받고 관심받고 이해를 바라는 감정이 좌절당해 화가 날

'화'나는 마음

수 있고, 올바르지 못한 것에 대한 분노일 수도 있고, 소외되거나 억울해서 화가 날 수도 있겠지요. 화를 무조건 참거나 마구 터뜨리는 것은 모두 위험해요. 말로 적당히 표현하면 좋겠지만 쉽지 않죠. 그럴 때는 우선 가만히 심호흡을 하면서 자신을 지켜보면 도움이 된답니다. 그렇게 아주 잠깐이라도 나의 감정에 대해 생각해보자고요.

기분과 감정은
수시로 바뀌는 것?

화나는 감정은 얼마나 오래갈까요? 나쁜 기분이나 감정은 빨리 사라질수록 좋겠지요? 오랫동안 계속되면 화병이 되기까지 하니까요. 그런데 아주 신나고 즐거운 기분이나 감정은 어떨까요? 이런 좋은 기분은 가능한 한 오랫동안 계속되기를 바라겠지요? 한 번 좋은 기분이나 감정을 느끼게 해준 것들을 자연스럽게 또 찾게 될 거예요.

선생님은 짜릿한 휴가를 혼자 상상하다가 이상한 경험을 하게 되었답니다. 며칠 동안 '김치말이국수'가 너무 먹고 싶은 거예요. 눈앞에 온통 김치말이국수만 떠오르고 그 생각만 하면 식욕이 생겼죠. 어디서 그걸 먹을 수 있을지 길을 걷다가도 무심코 찾게 되었어요. 참 이상한 건 그전까지 단 한 번도 김치말이국수를 먹어본 적이 없다는 거예요.

단지 친한 친구가 그게 얼마나 맛있었는지 생생하게 묘사를 했고, 김치말이국수 사진을 딱 한 번 어딘가에서 봤다는 것, 그게 전부였어요.

그러다 우연히 김치말이국수를 파는 식당을 발견했습니다. 드디어! 소원을 이룰 절호의 기회가 생긴 거예요. 아! 얼마나 맛있을까? 후다닥 그 식당에 들어가서 김치말이국수를 주문하고 기다렸습니다. 김치말이국수가 드디어 내 앞에 도착했어요. 시원해 보이는 김치국물에 국수가 말아져 있고 그 위에 오이와 김치가 있었어요. 드디어 소원이 성취되는 건가요?

그런데 한 숟가락 국물을 떠먹어보고 한 젓가락 면발을 먹어보고 나니 내가 '생각'했던 그런 환상적인 맛이 아니었어요. 그냥 평범한 국수 면발에, 냉면 육수에, 그저 김치국물을 조금 섞은 듯한 맛이었죠. 아! 내 생각 속의 그 싱그럽고 시원한 김치말이국수는 어디로 갔을까? 어찌어찌 국수를 다 먹고 식당을 나오는데 마음이 개운하지 않았어요. 그리고 잠시 생각해봤답니다.

내가 방금 먹은 국수는 분명히 김치말이국수가 맞아요. 그러나 내 생각 속에 있던 환상적인 맛의 김치말이국수는 아니었어요. 그렇다고 내 생각 속의 김치말이국수만 진짜고 방금 먹은 국수는 가짜일까요? 아니면 반대로 내가 먹은 국수가 사실은 진짜고, 내 생각 속의 국수가 가짜였을까요? 아니면 오로지 맛있는 국수를 먹고 싶다는 그 욕구만 진짜인 것일까요?

그런데 이제는 김치말이국수를 먹고 싶은 욕구는 사라지고 딤섬을 먹고 싶단 말이지요. 특히 새우 쇼마이가 자꾸 눈앞에 아른거리네요.

어쩌면 우리는 자신의 마음도 충분히 모르고 이 세상도 충분히 모르는 게 아닐까요? 모든 것이 이렇게 자꾸 변하니까 말이에요. 생각했던 것과 실제의 모습은 이렇게 다르고 또 그것조차 자꾸 달라집니다. 어떤 게 몹시 좋았다가도 시간이 지나면 싫증이 나기도 하고 몹시 보고 싶었던 친구를 막상 보면 또 그렇게 반갑지는 않고 말이에요. 멋진 곳에 놀러가고 싶어 여행을 갔다가도 막상 가보면 다 거기서 거기인 것 같아 시큰둥해지니…… 이렇게 우리는 내가 하는 생각, 내가 바라는 욕망, 내가 느끼는 감정인데도 내 의지와 상관없이 무언가에 홀린 듯이 흘러가는 내 마음을 발견하게 됩니다.

또한 내가 살고 있는 이 세상도 내 마음과 상관없이 그저 무언가에 홀린 듯이 마구 바뀌어가고 있는 것을 발견합니다. '이 세상은 특별하고 근사한 곳이야!'라고 감동하다가도, 어떤 때는 '이 세상은 무기력하고 형편없는 곳이군!' 하고 실망하기도 합니다. 넓고 변화무쌍한 이 세상에서 '나'라는 존재는 들에 핀 작은 꽃처럼 잠시 아름답게 피다가 사라지는 것이 아닌가 싶기도 하지요. 뭐라고요? 이제는 화가 나는 게 아니라 우울해진다고요?

동양철학에서
화를 다스리는 법

사소한 일 때문에 화가 났다면 기분을 전환할 수 있습니다. 기분 좋아지는 노래를 듣거나 따라 부르고 친구와 게임을 하며 놀다 보면 풀릴 수 있죠. 하지만 심각하고 중요한 문제 때문에 화가 났다면 어떻게 해야 할까요? 부모님과 의논하거나 나의 심각한 마음을 털어놓을 친구를 찾을까요? 아니면 그냥 혼자 화를 누르거나 외면한 채 살아야 할까요? 그럴수록 스스로 화를 다스리고 조절하는 연습을 조금씩 해봐야 한답니다.

옛날 우리 조상들은 공부가 곧 자신의 몸과 마음을 수양하고 수행하는 과정이라고 생각했습니다. 그래서 스님이나 선비들은 아침에 일어나 공부를 시작하기 전에는 반드시 몸을 깨끗이 하고 향을 피웠고, 그렇게 매일매일 경건하고 조심스러운 자세로 책을 읽었습니다. 그들도 지금의 우리처럼 아주 더운 여름과 아주 추운 겨울을 겪었답니다. 그렇게 쾌적하지 않은 날씨에도 한결같았던 비법은 무엇이었을까요?

동양철학에서는 이상적이고 훌륭한 마음을 대표하는 것을 네 가지의 마음으로 보았습니다. 그것은 사랑(인, 仁), 올바름(의, 義), 배려와 존중(예, 禮), 지혜(지, 智)입니다. 그리고 동양의 선비들은 이 네 가지 훌륭한 마음을 사계절과 서로 어울리는 것으로 보았습니다.

봄을 떠올려보세요. 어떤 마음과 가장 잘 어울릴까요? 봄에는 새로운 생명들이 싹트고 날갯짓하고 따스한 햇볕이 비춥니다. 봄바람은 살랑거리고 나비도 날아다니죠. 꽃들은 아름답게 피어나고요. 어떤가요? 자연스럽게 사랑이라는 낱말이 떠오르지 않나요? 그래요, 맞습니다. 봄은 사랑(인, 仁)의 계절이라고 보았어요. 그래서 옛날에는 사형과 같은 엄한 형벌은 봄에 내리지 않고 가을로 미루었다고 해요.

가을은 결실의 계절이잖아요? 한 해 동안의 사업을 평가하고 추수하는 계절이죠. 잘 익은 열매를 거두어들이고 썩거나 잘못된 것들은 버리는 계절이니까 올바름(의, 義)이라는 마음과 잘 어울린다고 보았어요.

그리고 겨울이 되면 밖으로 나가기보다 따뜻한 방에 앉아 더 자주 책을 읽었을 테니까 지혜가 늘어났겠지요. 그래서 겨울은 지혜(지, 智)의 계절이 되었을 거예요.

'화'나는 마음

그렇다면 여름은 어떨까요? 무더위 때문에 사람들끼리 살짝 부딪치기만 해도 짜증이 날 수 있는 시기예요. 안 그래도 더운데 서로 부딪치면 화가 더 나겠지요. 서로의 열기와 힘이 최대한 발산되는 계절이 여름입니다. 그런데 이렇게 제각각 서로의 열기를 뿜어내기만 하다가는 사건 사고가 많아지고 위험해지겠지요? 그래서 여름은 서로를 배려하고 존중할 줄 아는 예의(예, 禮)가 잘 어울린다고 보았습니다.

화가 자꾸 날 때에는 예의, 즉 배려와 존중이라는 단어를 떠올려보세요. 스스로 나 자신을 배려하고 존중하면 남도 배려하고 존중할 수 있게 된답니다. 화가 나면 무조건 숨기거나 억누르지 말고요. 나의 마음을 곰곰이 들여다보고 나를 화나게 만들었다고 생각하는(또는 오해하는) 것들(또는 사람들)에 대해 곰곰이 들여다보는 시간이 필요해요. 그러기 위해서는 예의를 갖춰 거리를 두고 잠시 떨어져 있어보세요. 나를 화나게 하는 것 때문에 내가 화가 난 것인지, 내가 화가 나 있기 때문에 모든 것들에 짜증이 난 것인지 잘 분별해볼 필요가 있습니다.

옛날 사람들이라고 왜 화가 나지 않았겠어요? 지금이 그때보다 발전된 시대이겠지만 여전히 우리를 화나게 하는 일들은 많습니다. 그런데 어떤 사람들은 옛날보다 현대인들이 참을성이 없어졌다고 탄식하기도 해요. 하지만 그렇다고 무조건 참기만

했다가는 언제 폭발할지 모르니까 참기만 하는 게 좋은 해결책은 아닙니다. 예의를 알고 예의가 몸에 밴 사람들은 화를 낼 때에도 조금은 더 지혜롭게 화를 냅니다. 조금은 더 부드럽게 화를 내는 방법을 터득한 것이지요. 이런 사람들은 상대방뿐만 아니라 자기에게도 이롭게 하려고 화를 잘 다스리는 방법을 배운답니다.

화를 보듬고 치유해주는
힘의 근원

여러분은 뮤지컬과 영화로 잘 알려진 〈사운드 오브 뮤직〉에 나오는 〈내가 좋아하는 것들My Favorite Things〉이라는 노래를 들어본 적이 있나요? 선생님은 얼마 전에 책을 찾다가 책 속에서 이 노래 가사를 메모한 종이를 발견했어요. 아주 오래전에 적어놓은 것 같은데 다시 보니 기분이 좋아졌답니다. 그래서 유튜브에서 이 노래가 나오는 영화의 장면도 찾아보고 노래도 흥얼흥얼 따라불렀답니다. 여러분도 한번 불러보세요. 가사는 다음과 같습니다.

장미꽃 위의 이슬과 고양이의 수염
반짝이는 구릿빛 주전자,
따스한 양모털 벙어리장갑
브라운색 종이와 노끈으로 포장된 상자
이런 것들이 바로 내가 좋아하는 것들

크림색 조랑말과

바삭거리는 사과 맛 과자

차임벨과 썰매 종들

면이 들어 있는 송아지커틀릿 요리

달님에게 날아가는 야생 기러기들

이런 것들이 바로 내가 좋아하는 것들

흰 치마와 푸른 새틴 머리띠의 소녀들

내 코와 눈썹에 달라붙은 눈송이들

은빛의 하얀 겨울이 봄에 녹는 것

이런 것들이 바로 내가 좋아하는 것들

개가 나를 물어뜯고 벌이 나를 쏠 때

난 슬픔을 느끼지만

내가 좋아하는 것들을 생각해낸다면

그러면 난 곧 '그렇게 끔찍한 건 아니야!' 하게 되지 *

어때요? 불러보니 〈도레미송〉보다 좀 어려웠나요? 이 노래
도 앞에서 말한 인디언의 시로 만든 노래 〈천개의 바람이 되어〉
처럼 수많은 예술가들이 즐겨 부르고 연주한 노래입니다. 흑인
재즈 음악가 존 콜트레인은 차별을 겪고 고통을 당하는 사람들

을 생각하며 이 노래를 색소폰으로 연주했어요. 이 노래를 아주 천천히 다시 한 번 불러보세요. 선생님은 특히 마지막 부분이 마음에 든답니다. "개가 나를 물어뜯고 벌이 나를 쏠 때"라는 가사는 진짜 개나 벌이 내게 그런다는 것이 아니라, 기분 나쁘거나 화가 나거나 슬픈 일이 일어났을 때라고 보면 될 거예요.

왜 이 세상에는 좋은 것만 있지 않고 그 반대의 것도 많을까요? 왜 우리를 화나게 하는 것들이 존재할까요? 왜 사람도 이 세상도 한결같이 좋을 수는 없을까요? 왜 우리는 '한결같이 변하지 않는 좋음'을 항상 생각하게 되는 걸까요? 선생님은 말이에요,

---

● 이 노래의 영어 원문은 다음과 같습니다.

Raindrops on roses and whiskers on kittens / Bright copper kettles and warm woolen mittens / Brown paper packages tied up with strings / These are a few of my favorite things / Cream colored ponies and crisp apple strudels / Door-bells and sleigh-bells and schnitzel with noodles / Wild geese that fly with the moon on their wings / These are a few of my favorite things / Girls in white dresses with blue satin sashes/ Snow flakes that stay on my nose and eyelashes / Silver white winters that melt in the springs / These are a few of my favorite things / When the dog bites When the bee stings / When I'm feeling sad / simply remember my favorite things / and then I don't feel so bad.

이렇게 영어 원문을 적는 것은 이 기회에 여러분도 영어 원문으로 부르는 연습을 하면 더 흥겹게 부를 수 있기 때문이에요. 원래 영어로 만들어진 노래는 원어대로 부르는 게 더 느낌이 좋답니다. 이건 우리나라 노래 〈고향의 봄〉이나 〈섬집 아기〉 같은 노래를 영어가 아니라 우리나라 말로 부를 때 느낌이 더 좋은 것과 같아요. 왜냐하면 노래라는 것은, 그 나라 사람의 마음과 생활이 녹아 있는 모국어로 부를 때 더 참된 맛이 있거든요. 또 일본말이나 중국말, 독일말이나 프랑스말로도 짧은 노래들을 배워서 연습해보는 것도 권합니다.

화가 나거나 좋지 않은 생각을 하게 되면 이상하게 몸이 벌써 귀신같이 눈치를 채고 이곳저곳 아프기 시작하고 기운이 없어진답니다. 그러다가 마음을 다잡고 다시 기운을 차리게 되면 몸상태도 좋아지고 이전에는 생각하지 못했던 기분 좋은 생각도 떠오르고 뜻하지 않은 행운도 생기고 하더라고요. 흐음, 이쯤 되면 여러분은 아마 눈치를 챘을지 모르겠네요. 좋은 생각은 우리의 몸과 마음에 약이 될 뿐만 아니라 내가 사는 이 세상에도 좋은 영향을 미치게 됩니다.

여러분 자신에 대해 실망하거나 이 세상에 실망한 적이 있었나요? 여러분 자신이 아주 커다랗고 깊숙한 멋진 숲이라고 생각해보세요. 그 숲은 너무나 넓고 깊어서 모든 사람의 마음과 행동의 비밀들이 다 담겨 있습니다. '이 세상의 좋은 것들'을 만들어내는 힘은 바로 여러분의 마음에 있는 넓고 깊은 숲에서 나온답니다.

화에 대해 생각해보았습니다. 첫째, 각박해진 현대사회에서 사람들이 자주 화를 내고 짜증을 내는 이유를 살펴봤습니다. 둘째, 화가 나는 원인과 상황을 거리를 두고 보면 수시로 바뀌는 기분과 관련되어 있다는 것을 알 수 있습니다. 셋째, 동양철학에서 화를 다스리는 법에 대해 배워보았습니다. 넷째, 우리의 내면에는 커다란 숲이 있습니다. 이 숲에 화를 보듬고 치유해주는 힘이 있다는 것을 알았습니다. 이 세상의 모든 좋은 것들은 우리 내면의 큰 숲에서 나옵니다.

선생님은 요즘 뒷산에 운동을 하러 날마다 올라가는데, 뒷산의 숲에는 이런저런 나무와 풀들이 어우러져 있어요. 그 모습을 보며 걷다가 시들거나 썩거나 마른 나무와 풀을 봐도 별로 불쌍한 느낌이 들지 않아요. 왜 그럴까요? 마르거나 썩거나 시들어도 자동차들이 쌩쌩 달려 먼지투성이인 도시의 아스팔트 도로 곁이 아니라, 바로 숲속에 있기 때문이죠. 그 풀들이 시들거나 썩는 것처럼 보여도 다시 멋지게 살아날 거라는 생각이 들어 안심이 되기 때문이에요.

숲은 엄마의 품과 같아서 많은 식물들에게 온기와 생기를 준답니다. 엄마의 다정한 말, 사랑의 위로와 격려가 우리에게 기운을 주는 것처럼 말이에요. 또한 우리 안에는 스스로에게 숲이 되어주는 힘이 있답니다.

다가오는 주말이나 방학 때에는 그동안 참고 있었던 화나스트레스를 다 풀 수 있도록 '이 세상의 좋은 것들'을 열심히 보고 듣고 맛보기 바랍니다. 사랑하는 가족들과 친구들과 함께 좋은 것들을 나누는 시간이 되기를 바라요. 선생님은 김치말이국수를 집에서 직접 만들어볼 생각이에요. 일찌감치 레시피를 잘 메모해두었답니다. 정말 기대가 돼요. 환상적인 김치말이국수!

8장

시간과 나

여행이나 방학을 앞두고는 시간이 더디게 가는데 막상 끝날 무렵에는 왜 그리도 시간이 빨리 갈까요? 거울에 비친 나의 모습을 보세요. 작년 이맘때와는 별 차이가 없는 것 같았는데 5년 전이나 7년 전의 내 모습과는 너무 다르지 않나요? 그때의 사진을 꺼내 보고 있노라면 슬며시 웃음도 나옵니다. "내가 이렇게 생겼었나? 흐음" 하고 중얼거리면서 말이지요.

우리의 철학 수업도 어느덧 절반을 훌쩍 넘어가고 있습니다. 이번 철학 수업의 주제는 '시간과 나'입니다. 여러분은 작년 이맘때 자신의 모습을 기억해낼 수 있나요? 그때와 지금을 비교해보세요. 무엇이 달라졌나요? 우리가 사는 이 세상은 무엇이 달라졌나요? 나도 변하고 세상도 변해갑니다. 그렇게 모든 것이 변해가고 있어요. 시간은 나를 변화시키고 세상도 변화시킵니다. 그런데 시간이 뭘까요? 왜 시간은 그렇게 모든 것을 달라지게 만들까요?

시간을
느껴본 적이 있니?

이제부터 '시간'에 대해 생각해보는 시간을 갖겠습니다. 물론! '시간에 관해 생각해보는 것'도 '시간제한'이 있답니다. 도대체 시간이라는 건 무엇일까요? 왜 처음에는 재미있거나 신비롭게 느껴지던 것이 시간이 흐를수록 지루해지거나 재미가 없어질까요? 이와는 반대로 그때는 몰랐는데 시간이 지나고 다시 생각해보니 '그때가 정말 좋았어'라는 생각이 드는 때도 있습니다. 왜 이렇게 달라질까요?

예전에는 시간에 관해 철학 토론을 하게 되면 말이지요, 이런 질문들이 많이 나왔어요. '시간을 되돌릴 수는 없을까?' '시계가 없다면 시간도 없는 것일까?' 사람마다 느끼는 시간이 다를까?' 여러분도 문득 떠오르는 질문을 메모해보세요. 이런 질문도 있겠네요. '시간을 멈출 수는 없을까?' '시간이 지나면 왜 잊게 되는 걸까?'

앞에서 선생님이 안중근 장교 얘기를 해주었던 것을 기억하나요? 시간이 흘러서 다 잊었다고요? 안중근이 살았던 시대는 지금으로부터 약 100년 전이에요. 그러니까 그보다 더 오래된 1,000년 전의 역사 이야기, 또는 4,000년 전부터 내려오는 역사 이야기도 있겠지요? 또 앞으로 100년 후, 1,000년 후, 4,000년 후를 상상해볼 수도 있지요. 인간이 존재하는 한 시간도 계속 존재할 거예요.

사실 이렇게 몇 백 년이나 몇 천 년의 과거와 미래를 왔다 갔다 하며 상상해보더라도 우리가 시간을 잘 알게 되는 것은 아니랍니다. 그냥 매 순간의 현재만 있는 것 같지 않나요? 그런데 말이죠, 평소에는 시간을 잘 못 느끼다가도 어떤 때에는 시간을 실감하게 되는 순간이 있어요. 선생님은 얼마 전에 뭘 찾으려고 서랍을 열었다가 오래전에 사용했던 휴대폰들을 발견하고 한참 웃었답니다. 그러다가 아예 옛날 어렸을 적의 사진들도 찾아보았지요. 자, 다음 페이지의 사진들을 보세요.

위 사진은 예전에 사용하던 휴대폰들의 모습이에요. 지금 사용하고 있는 휴대폰에 비하면 매우 작고 두께도 두껍지요. 숫자나 글자를 입력하는 버튼도 좀 둔탁한 편이고요. 지금 다시 자세히 보니 어떻게 이런 휴대폰을 불편 없이 사용했을까요? 슬며시 웃음이 나옵니다. 그때는 그렇게 작거나 불편하다고 느끼지 못했겠지요? 아마 같은 시간을 살고 있었던 다른 사람들도 그렇

위 예전 휴대폰들의 모습
아래 1960년대 공원 나들이 모습을 담은 흑백사진

게 생각했을 거예요.

이번에는 아래 흑백사진을 볼까요? 어릴 적 가족 나들이 사진이에요. 요즘과 어떤 모습이 다른 것 같나요? 가족들의 모습만 보면 큰 차이를 못 느낄 수 있지만 뒤편의 아주머니들이 한복을 입고 양산을 쓴 모습이 보이지요? 이때에는 명절이나 기념일에만 한복을 입지 않았고 평소에도 입고 다녔답니다.

이 두 사진들을 가만히 들여다보고 있으면 '시간'을 느낄 수 있습니다. 여러분은 아마 위 사진에 나와 있는 휴대폰들을 직접 보거나 만져본 적이 없을 거예요. 그리고 나들이를 나온 사진 속 여인들은 지금쯤 할머니가 되었거나 세상을 떠나셨을 수도 있어요. 그때에는 있었는데 지금은 없을 때, 그때에는 이러이러한 모습으로 있었는데 지금은 저러저러한 모습으로 있을 때 우리는 시간을 느끼게 됩니다. 무엇인가 달라졌을 때 시간이 흘렀다는 것을 알게 될 때 시간을 느끼죠.

그런데 사람마다 시간을 느끼는 방법은 같지 않습니다. 시간에 대한 느낌이나 경험이 다르기 때문에 시간을 생각하고 표현하는 방법도 무척 다양하답니다. 그렇다고 사람들에게 주어지는 시간이 실제로 달라지는 것은 아닙니다. 모든 사람에게는 똑같이 하루 24시간, 1년 365일이라는 시간이 주어집니다. 물론 아프거나 즐겁게 여행 중이거나 지루한 수업 시간이라면 똑같은 시간이라도 길게 느껴지거나 짧게 느껴질 수 있겠죠. 하지만 객관적인 시간이 들쭉날쭉 달라지는 것은 아니랍니다. 여러분은 시간을 어떻게 느끼나요? 여러분에게 시간이란 무엇인가요?

독일 시인 실러가
시간에 대해 한 말

옛날부터 지혜로운 학자, 정치가, 작가 들은 모두 '시간'에 대해 많이 생각하고 또 훌륭한 명언들을 많이 남겼어요. 시간에 대해 이런저런 생각을 깊이 한 것이죠. 그중 어떤 사람들은 '시간을 아끼고 소중히 여기자' 같은 충고를 하려고 시간을 말하기도 했지요. 발명가 에디슨이나 정치가 나폴레옹은 하루에 3시간 이상 자지 않았다고 해요. 시간을 아끼려고 말이에요. 또 어떤 사람은 시간에 관해 아주 멋지고 지혜로운 말들, 우리가 곰곰이 생각해봐야 겨우 의미를 알 수 있는 말들을 남겼습니다.

독일의 시인 실러가 쓴 글입니다. 실러가 누구냐고요? 베토벤의 교향곡 9번 〈합창〉을 들어보면, 마지막 부분에서 큰 합창 소리가 들려요. "기뻐하고 경배하라……" 이렇게 시작되는 힘찬 선율이에요. 낯설게 느낄지 모르지만 찾아서 들어보면 금방 "아! 이거 잘 알지!"라고 말할 거예요. 〈엘리제를 위하여〉의 선율처럼 말이지요. 바로 그 〈합창〉의 가사를 쓴 사람이 실러입니다.

괴테와 마찬가지로 실러는 독일 사람들이 아주 자랑스러워하는 훌륭한 작가랍니다. 대표작으로 『빌헬름 텔』이 있습니다. 아버지가 아들의 머리 위에 사과를 올려놓고 화살을 쏘아 맞히는 이야기죠. 사과를 명중시키지 못하면 아들은 죽어요. 이 이야기는 스위스 사람들한테는 국민동화라고 할 만큼 인기가 있답니다.

선생님은 실러를 무척이나 좋아해요. 그가 쓴 문학작품들을 대부분 읽었어요. 자! 실러가 시간에 대해 남긴 말들을 함께 읽어볼까요?

시간의 걸음걸이에는 세 가지가 있다.

미래는 주저하면서 다가오고

현재는 화살처럼 날아가고

과거는 영원히 정지하고 있다.

이게 무슨 뜻일까요? 실러는 시간에 대해 왜 이런 말을 남겼을까요? 여기 여러분 또래의 친구가 실러의 말을 읽고 곰곰이 생각해보고 쓴 글이 있습니다.

미래는 주저하며 다가온다. 왜냐하면 미래는 조금씩 조금씩 걸어가면서 결정하는 순간이 매 순간마다 한 번씩 찾아오고, 고민하고 생각하며 옳은 것과 옳은 것이 아닌 것을 구별해야 하기 때문이다. 현재는 화살처럼 날아간다. 지금도 한순간 한순간의 현재가 총알처럼 1초도 걸리지 않아 과거가 되어버린다. 과거는 영원히 정지되어 있다. 과거는 되돌리고 싶어도 되돌릴 수 없고 돌아가고 싶어도 되돌아갈 수 없는 존재이다. 그렇기 때문에 과거는 언제나 정지되어 있다.

어떤가요? 이번에는 또 다른 친구의 글을 읽어봅시다.

실러는 시에서 시간의 세 걸음걸이에 대해 말했다. 미래는 주저하며 걸어오고, 현재는 화살처럼, 과거는 영원히 죽어 있다고 말했다. 내 생각에 실러는 빨리 다가오고 있지도 않고 그렇다고 안 오는 것도 아닌 것을 주저하며 다가오는 것에 빗대어 말한 것 같다. 또 현재는 화살처럼 날아간다는 것은 지금 무슨 행동을 하면 재빨리 과거가 되기 때문에 화살처럼 날아간다고 빗대어 말한 것 같다. 마지막으로 과거는 죽음처럼 되살아날 수 없고 되돌릴 수 없기 때문에 죽어 있다고, 그것도 '영원히'라고 표현한 것 같다. 그것이 '시간의 세 걸음걸이'에 대한 나의 생각이다.

두 친구의 글에서 알 수 있듯이 실러는 현재를 화살과 같이 날아간다고 말했어요. 그렇다면 우리는 현재를 충분히 느끼기도 전에 과거나 미래 중 어느 하나에 치우쳐 생각하면서 살고 있는 것 같기도 하지요. 젊은이와 노인 중에 어느 쪽이 과거를 더 많이 생각할까요? 그래요. 아마도 노인일 거예요. 살아갈 미래의 시간보다 살아온 과거의 시간이 더 많기 때문에 회상할 내용들이 많은 거겠지요.

여러분은 어떤가요? 미래를 더 많이 생각하나요? 그렇지도 않지요? 왜냐하면 미래는 너무 막연하기 때문이에요. 지금 당장 하루하루 지내는 것도 빡빡하겠지요. 누가 미래에 대해 물어보면 장래 희망 대학이나 직업을 다그치는 것 같아 부담스럽기도 할 거예요. 시간에 대한 실러의 말을 여러분은 어떻게 생각하나요? 여러분에게 과거와 현재, 미래는 어떤 의미가 있나요?

시간을 이야기하는
예술작품

이번에는 철학자 하이데거가 한 말에 대해 생각해보겠습니다. 하이데거는 시간에 관해 꽤 많은 관심을 갖고 아주 두꺼운 『존재와 시간』이라는 책도 썼어요. 그는 우리 인간이 모두 시간 속에 "던져진" 존재들이라고 말했어요. 시간 속에 던져졌다! 좀 멋진 표현인 것 같지 않나요?

또 하이데거는 우리 인간만이 "자기의 죽음을 미리 생각해볼 줄 안다"고 말했습니다. 아직 다가오지 않은 시간을 미리 생각해보고 그 미래의 시간 속에 있을 나의 모습도 생각해보고 정신 차리고 잘 살려고 노력하는 존재가 바로 우리 인간이라는 거지요.

어른들 중에는 시간을 '되돌리고' 싶어 하는 사람들이 적지 않습니다. 여러분도 아주 행복했던 순간에서 딱 멈추었으면 하고 바란 적이 있죠? 즐겁고 행복했기 때문만은 아니고, 뭔가 잘못된 결정이나 선택을 해서 후회할 일을 저질렀을 때도 시간을

'거슬러 올라가서' 다시 더 좋은 결정이나 선택을 하고 싶어 하는 거예요.

그래서 〈시간을 달리는 소녀〉라는 일본 애니메이션 영화를 봤을 때 공감하고 재미있어 한 사람들이 많았답니다. 이 영화에서 주인공의 친구는 주인공에게 "미래에서 기다릴게"라고 말하고 주인공은 "응, 금방 갈게, 뛰어 갈게"라고 대답합니다. 이 애니메이션에서 미래는 희망과 행복의 약속이 있는 시간입니다. 지금은 달려가는 과정이지만 달리기가 끝날 때 결승점에서 기다리고 있는 것은 기쁨의 시간입니다.

또 다른 느낌의 그림도 있습니다. 네덜란드 화가 고흐가 그린 그림 〈별이 빛나는 밤〉을 가만히 들여다보세요. 화가가 이 그림을 그리기 위해 보았던 강물, 밤하늘 그리고 별빛은 100년도 더 지난 옛날이지만, 우리는 이 그림 속에서 시간이 정지된 느낌, '영원한 현재'의 느낌을 갖게 됩니다.

하지만 이와는 반대 분위기의 그림도 있습니다. 스페인의 화가 달리는 시계 그림을 이상하게 그렸습니다. 그의 〈기억의 지속〉 그림을 가만히 보고 있으면 왠지 으스스한 느낌이 들어요. 세 개의 시계가 저마다 축 늘어져 있거든요. 과거의 힘든 기억, 또는 현재의 지루함, 희망이 없는 미래 등을 느끼게 하지요. 기쁨보다는 허무 같은 것이 스며 있어요. 달리의 그림은 여러분이

고흐, 〈별이 빛나는 밤〉, 캔버스에 유채, 73.7×92.1cm, 1889.

직접 찾아서 감상해보세요.

시간에 대해 생각하다 보면, 과거에 세상을 먼저 떠난 가족이나 친척을 회상하게 될 때가 있습니다. 여러분에게도 돌아가신 가족이나 친척이 있겠지요? 만약 시간을 되돌려서 그분들이 돌아가시기 전으로 갈 수 있다면, 무엇을 하고 싶나요? 만약 할머니가 암으로 돌아가셨다면 시간을 되돌려서 할머니가 암에 걸리지 않도록 미리 예방할 수 있게 노력하겠지요. '시간을 되돌릴 수만 있다면' 어떻게든 할 텐데 말이에요.

모두에게 이런 마음들이 있기 때문에 시간에 대해 자꾸 생각하는지도 모릅니다. 또 누가 이런 말을 하면 마음이 뭉클해지지요. 사랑하는 가족을 죽음으로 잃고 그리워하는 마음은 우리 모두가 가진 마음이니까요.

시간에 대해 생각해볼 수 있도록 해주는 다양한 예술작품이 계속 만들어지는 것도 그 때문입니다. 시간은 그저 흘러가는 것 같지만, 하이데거의 말처럼 우리 인간은 시간 속에 던져진 존재에 불과한 것 같지만, 어쩌면 그게 전부가 아닐지 몰라요. 우리 인간은 순간 속에서 시간을 '초월한 듯이' 멋지고 아름다운 예술작품을 창조해냅니다. 그것을 감상하면서 '시간이 없는 세계', 즉 영원의 세계를 맛보기도 합니다. 그래서 예술작품을 감상하고 있으면 멋진 시간 여행을 하는 듯한 체험을 하게 되지요.

시간과 마음의
관계

우리는 항상 시간과 함께 살고 있습니다. 우리가 살아간다는 것이 바로 시간이 있다는 것을 말해주죠. 그런데 그렇게 살아가는 데 있어 가장 중심은 우리의 마음이라는 생각을 해본 적이 있나요? 시간은 우리의 마음에 있답니다. 뭐라고요? 그럴 리가 없다고요? 물론 시간이 마음에 있다고 해서, 너와 나 안에 갇혀 있는 작은 마음만을 가리키는 것은 아니에요. 또 너와 내가 느끼는 마음이 다른 것처럼 너와 내가 각각 다른 시간을 갖고 있다는 뜻이 아니에요. 시간이 우리 인간의 마음과 따로 떨어져 있는 게 아니라는 뜻이에요.

우리는 모두 과거를 회상하고 현재를 느끼고 미래를 상상하고 예측합니다. 이렇게 과거와 현재 그리고 미래를 알게 하는 것은 바로 우리 마음의 작용이죠. 시간은 우리의 마음이 만들어내는 것이랍니다. 그래서 옛날 인도에 '말 울음소리(마명, 馬鳴)'라는 이름을 가진 철학자가 시간은 우리 밖에 따로 있지 않고, 우리 마음과 관계가 깊다고 했습니다. 마명은 다음처럼 말했어요.

'이어지는 생각'은 생각을 끊어지지 않게 한다.
아주아주 옛날, 과거의 한량없는 세월 동안
온갖 선한 것들과 온갖 악한 것들이 계속되도록 해서
사라지지 않게 하는 것도 바로 이 '이어지는 생각'이다.
또 현재와 미래에 있을 괴로움과 즐거움을 낳게 하는 것도
바로 이 '이어지는 생각'이다.
이 '이어지는 생각'이
현재 겪은 일을 자꾸 생각하게 하고
미래의 일을 자기도 모르게 헛되게 생각하도록 만든다.
-한자경, 『대승기신론강해』, 불광출판사, 2013.

어떤가요? 실러가 과거와 현재 그리고 미래에 대해 쓴 글과 비교해보아도 크게 다른 것 같지는 않지요? 하지만 동양의 철학자들은 시간이 우리의 마음과 관련되어 있다는 생각을 더 많이 하는 것 같아요. 과거도 현재도 미래도 우리의 마음이 만들어내는 것이라고 하잖아요.

선생님은 시간과 관련된 마음을 생각하다 보면 항상 떠오르는 노래가 있습니다. 러시아 유대인 가족의 고달프지만 행복한

삶을 뮤지컬 영화로 만든 〈지붕 위의 바이올린〉이라는 작품이에요. 이 영화의 주인공인 아버지는 우유 배달부로 간신히 생계를 이어가며 살아가지만 유대인으로서 전통적인 가치를 소중히 지킵니다. 그는 랍비가 되는 게 소원이며 글 읽기와 신학적인 토론을 좋아합니다. 그는 부자가 되게 해달라며 하나님과 농담을 주고받고 정겨운 대화를 나누며 살아가지요. 하지만 세 딸은 유대인의 전통과 아버지의 뜻을 거역하고 좋아하는 남자를 만나 뿔뿔이 흩어집니다. 아버지는 그런 딸들의 모습을 사랑으로 포용합니다. 맏딸의 결혼식 날 드레스를 입고 수줍어하며 주례자 앞에 서 있는 딸과 사위를 보고 부모는 벅찬 감정을 느낍니다. 그때 다음의 노래가 흐릅니다. 가사는 다음과 같아요.

이 아이가 내가 품에 안고 있었던 그 딸이던가?

이 아이가 장난하며 뛰어놀던 그 아들인가?

나는 나이 드는 게 기억나지 않는데

저 아이들이 어느새 이렇게 컸단 말인가?

그 아이가 어느새 이렇게 아름다워졌을까?

그 꼬마가 어느새 이렇게 키가 다 컸단 말인가?

저 아이들이 어렸을 때가 바로 엊그제 아니었던가?

해가 뜨고 해가 지고, 세월은 화살과 같이 흘러가는구나.

어린 줄기는 밤사이에 벌써 해바라기가 되어 있고

지금도 계속 피고 있어.

해가 뜨고 해가 지고, 세월은 화살과 같이 흘러가며

이 계절에서 저 계절로 바뀌네.

행복, 그리고 눈물도 함께. *

아마 여러분이 나중에 커서 결혼을 하면 여러분의 부모님은
여러분의 모습을 바라보면서 모두 이런 마음이 될 거예요. 이 아
이가 누구였던가? 배 속에서 태어나 앙앙 울던 바로 그 아이? 밤
에 잠도 잘 안 자고 울어대서 엄마를 힘들게 했던 그 아이? 유치
원에서 조그만 손으로 글씨를 열심히 쓰던 그 아이? 초등학생이
되어 책을 열심히 읽고 숙제하기 싫다고 얼굴을 찡그리던 그 아
이? 혼자 있고 싶다고, 자기 방으로 불쑥 들어가버리던 그 아이?
부모님의 눈에는 여러분의 지난 모습들이 아마 한꺼번에 떠올라
눈물지으실지도 모른답니다.

---

* 이 노래의 가사도 영어로 되어 있어요. 이번에도 이 노래의 원문을 말해줄게요. Is this the
little girl I carried? / Is this the little boy at play? / I don't remember growing older.
/ When did they? / When did she get to be a beauty? / When did he grow to be so
tall? / Wasn't it yesterday when they were small? / Sunrise, sunset. / Sunrise, sunset.
/ Swiftly flow the days. / Seedlings turn overnight to sunflowers, / Blossoming even
as we gaze. / Sunrise, sunset. / Sunrise, sunset. / Swiftly fly the years. / One season
following another, / Laden with happiness and tears.

시간에 대해 생각해보았습니다. 첫째, 우리는 언제 시간을 느낄까요? 무엇인가 달라졌을 때 시간을 느낀다는 것을 알았습니다. 둘째, 실러가 시간에 관해 한 말을 통해 과거와 현재와 미래의 뜻에 대해 생각해보았습니다. 셋째, 시간에 대한 철학적 고민이 들어 있는 예술작품들을 살펴보았습니다. 넷째, 시간은 우리 인간의 마음과 동떨어져 존재하지 않는다는 것을 알았습니다.

시간은 우리의 삶, 그리고 더 구체적으로는 내가 누구인지 관찰할 수 있게 해준답니다. 과거와 현재, 미래의 시간은 마음과 떼려야 뗄 수 없습니다. 부모님의 눈에는 오랜 시간 동안 보아온 여러분의 변화무쌍한 모습들이 '한꺼번에' 떠오르겠지요. 그런 우리는 다른 사람이 아닌 바로 나 자신이죠. 시간이 흐르면서 우리의 모습이 바뀌어가도, 여전히 나는 나 자신이지 다른 사람이 되지는 않아요.

몇 개월 전의 나와 지금의 나를 비교해보세요. 시간이 지나면서 무엇이 달라졌을까요? 키와 몸무게와 머리 모양이 달라지고, 피아노를 치러 다니다가 이제는 치지 않게 되기도 하고, 사촌 언니네 놀러가 있으니까 엄마가 보고 싶지 않았는데 사흘이 지나니 보고 싶고, 그래도 점점 가족보다는 친구들과 함께 있을 때 더 잘 통하는 것 같고…….

우리의 몸도, 우리의 마음도 이렇게 시간이 지나면서 달라지고 또 달라지지만 여러분 자신을, 세상을 한번 보세요. 내 마음을 잘 관찰해보세요. 아무리 시간이 지나도 달라지지 않는 게 있지 않나요? 그것은 무엇일까요? 만약 과거, 현재, 미래를 모두 비춰볼 수 있는 거울이 있다면 그 거울 속의 내 모습은 어떨까요?

9장

스콜레, 학교 이야기

방학이 끝나고 개학이 다가오면 여러분의 기분은 어떤가요? 뭐라고요? 학교에 가기 싫다고요? 계속 방학이면 좋겠다고요? 여러분의 심정은 충분히 이해합니다. 만약에 말이에요, 여러분이 원하든 아니든 이제까지 익숙하던 학교의 모습이 아니라 전혀 새로운 낯선 학교에 다니게 된다면 어떨까요? 전혀 알지 못하는 외국의 낯선 학교이고, 한없이 자유로운 학교에 다니게 된다면 어떤 기분이 들까요?

이번 철학 수업의 주제는 '학교'입니다. 우리는 학교생활에 이미 익숙해져 있지만 정작 학교가 무엇인지에 관해 자유롭게 생각해본 적은 많지 않습니다. 어쩌면 생각하기 싫을 수도 있어요. 학교는 자유와는 정반대되는 곳이라고 생각할 수 있죠. 먼저 새로운 학교 경험을 하게 된 두 사람의 이야기를 해볼게요. 선생님이 무척 아끼는 두 책도 함께 소개합니다.

하나는 이미륵의 『압록강은 흐른다』이고 다른 하나는 『창가의 토토』라는 책이에요. 이미 읽어본 친구들도 있겠지요.

『압록강은 흐른다』는 이미륵이 자신의 어린 시절 이야기를 엮어 독일에서 독일어로 출판한 책이에요. 출판하자마자 베스트셀러가 되었고 독일 교과서에도 실렸습니다. 우리나라에도 동화책으로 출간되었고 중학교 교과서에 일부 내용이 실리기도 했습니다. 『창가의 토토』는 방송인이 된 주인공 토토가 어린 시절에 겪었던 '특별한 학교 체험'을 들려주는 책입니다. 책 속에 등장하는 이미륵과 토토는 여러분과 비슷하거나 더 어린 나이였습니다. 자, 그럼 시작해볼까요?

이미륵의
두 학교 이야기

이미륵의 책『압록강은 흐른다』의 내용 중에
는 '유리창이 달린 새 학교'라는 소제목이 달린 부분이 있습니다.
이미륵이 그동안 익숙하게 다녔던 서당이 아니라 서양식 학교
에 처음 간 경험이 적혀 있는 부분이에요. 지금은 대부분 학교가
유리창이 달린 건물로 지어져 있고 그게 당연하죠. 하지만 이미
륵이 여러분만 한 나이였을 때인 약 100년 전에는 대부분의 서
당에 흰 창호지가 발려 있었어요. 그래서 서양식 학교에 간 어린
이미륵의 눈에 비친 유리창 건물은 아주 새로웠을 거예요.

이미륵은 서양식 학교에 대해 다음과 같이 썼습니다.

몇 해 전에 세워진 주목할 만한 이 학교는, 시의 북쪽에 있는 직
물 거리 근처에 있었으며 수많은 빛나는 유리창을 달고 있었다.
이 학교에서 가르치고 있는 것은 아주 이상한 것들이라고 했다.
거기서는 학생들에게 습자나 시 같은 것을 가르치는 것이 아니

라 다만 신학문만을 가르쳐준다고 했다. 그 학문이란 새로운 지구의 일부에서, 서양이나 또는 유럽이라고 하는 곳에서 들어온 것이라 했다. 이런 곳이 참으로 어느 곳에 있으며 그 학문이 무엇인가는 아무도 확실히 몰랐다. 많은 사람들은, 이 학교에서는 고등 산술이며 어려운 의술을 가르친다고 말했다. 그러나 모든 사람들은 이 학교에서 한문을 가르치지 않기 때문에 아이들을 망쳐놓을까 봐 두려워했다.

이미륵의 아버지는 서당의 훈장 선생님이었습니다. 이미륵은 11세에 이미 한문으로 된 고전들을 익숙하게 배우고 익혀서 줄줄 읽어 내려갈 수 있는 실력을 갖추고 있었습니다. 하지만 이미륵의 부모님은 오랫동안 고심한 끝에 1년 동안 이미륵을 서양 학교에 보내기로 결정합니다.

물론 이미륵은 그 새롭고 낯선 유리창 학교가 별로 마음에 들지 않았습니다. 서양 학교에서는 자기가 항상 즐겨 읽던 한문과 한시를 가르치지 않습니다. 부모님의 뜻에 따라 서양 학교에 처음으로 출석하고 돌아온 날 저녁 이미륵은 아버지와 대화를 나눕니다.

"정말 오늘은 너무 이상스러웠어요." 내가 말을 꺼냈다. "학교의 모든 게 아주 낯선 것뿐이었어요. 오랫동안 저는 숱한 근심을 했거든요. 거기는 이제껏 제가 익숙해 있던 것과는 너무나 다르기 때문에 마음에 안 들 것 같아요." 아버지는 오랜 동안 잠자코 있었다. "섭섭했니?" 아버지는 나중에야 이렇게 물었다. "그와 비슷한 생각이었어요. 전 언제나 서당을 우리 학교로 생각해왔거든요." "내 곁으로 들어오너라." 아버지는 손으로 나를 끌어당겼다. "너는 아직 소동파의 시를 잘 알고 있을 테지?" 나는 잠깐 생각해보고는 그렇다고 했다. "그것을 암송해봐라." 나는 막히지 않고 암송했다. "너는 저 〈영탄가〉를 암송할 수 있니?" 나는 그것도 암송했다. 50절이 끝나기까지엔 오랜 시간이 걸렸다. "이젠 네 마음이 좀 진정되었니?" 아버지가 물었다. 나는 고개를 끄덕이고 나서 다시 내 잠자리로 들어갔다.

이미륵은 여러분과 비슷한 나이에 서당에서 배운 『논어』, 『맹자』, 『대학』, 『중용』, 『자치통감』을 다 읽고, 한시들을 줄줄 외우면서 서예 붓글씨를 쓰고, 한복을 입고, 서당을 학교로 알고 있던 아주 영리하고 성품이 착하고 정직한 소년인 것 같아요. 위의 장면이 선명하게 떠오르지 않나요? 소동파의 시를 줄줄 외우고 나서야 마음이 편안해져 잠이 드는 어린 소년 미륵의 마음이 너무 잘 이해가 됩니다. 여러분에게 학교는 어떤 곳인가요?

지금은 너무 낯선 글자, 한문

지금 우리는 이미륵 소년과는 정반대의 처지가 되어 있어요. 만약 우리가 갑자기 날마다 한복을 입고 모든 내용을 한문으로 배우는 학교에 가게 되면 이제까지 다니던 학교와는 너무나도 다른 낯섦이 느껴질 거예요. 우리는 이미 서양식 학교에 익숙해져 있기 때문이지요. 하지만 100년도 안 된 그 이전까지 우리나라 사람들은 여러분이 다니고 있는 학교와는 전혀 다른 학교, 이미륵 소년에게는 너무나 익숙한 그런 학교에 대부분 다니고 있었던 거예요.

우리는 사실 한문보다 영어가 더 익숙하지 않나요? 유치원에 다니기 전부터 영어를 배우잖아요. 그런데 불과 100년 전까지는, 어릴 때부터 한문을 배우면서 자랐답니다. 동양에서 한문을 배우는 것은 아주 자연스러웠습니다. 물론 한글도 함께 사용했지만, 배울 가치가 있는 중요한 책들, 고전들은 대부분 한문으로 되어 있었어요.

그리고 한문과 중국 글자는 달라요. 이제는 중국 사람들에게도 한문은 '배워야 하는' 문자랍니다. 중국이나 일본 사람들은 자기 나라에 맞는 한자 모양을 새로 개발했어요. 그러니까 한문이 꼭 중국 글자인 것만은 아니에요. 동양 사람들은 한문이 남의 나라 글자라고 생각하지 않았어요. 한글과 한문은 자연스럽게 배움의 언어가 되었던 것입니다. 마치 유럽 사람들이 라틴어를 다른 나라 문자라고 생각하지 않고 배워야 할 문자라고 생각했던 것과 비슷해요.

11세의 이미륵이 서양 학교에서 느꼈을 법한 그 낯섦과 이상함과 섭섭함은 무엇이었을까요? 그 마음의 혼란스러움은 무엇이었을까요? 그저 새로운 학교에 가서 배운 내용이 이제까지는 잘 몰랐던 내용이어서 그랬을까요? 아닙니다. 여러분도 학교에서 항상 새로운 내용을 배우고 있잖아요. 몰랐던 것을 새롭게 배우는 곳이 학교이니 그런 것이 문제가 되지는 않을 거예요. 그래요. 소년 이미륵이 느낀 혼란스러움은 단지 '새로운 것'이어서가 아니었어요. 그것은 '정체성'의 문제였답니다.

그 정체성은 한문을 배워야 인간다운 인간으로 살 수 있다고 믿던 가치관입니다. 그러한 배움으로 참된 인간이 될 수 있다고 생각해왔고 그 내용에 긍지를 가지고 있었죠. 그런데 그것이 송두리째 부정당하면 가치관의 혼란, 정체성의 혼란을 느끼게 됩니다. 가장 근본적인 것에서 혼란이 생기는 것이죠.

우리나라의 옛 어른들과 선생님들은 한문을 배우지 않으면 훌륭한 인간이 되지 못한다고 믿어왔어요. 한문으로 된 책들은 그저 단순한 지식이 아니라 훌륭한 인간이 되기 위해 갖추어야 할 마음과 행동을 익히도록 하는 것이었습니다. 그런데 하루아침에 그런 내용들이 쓸모없는 것처럼 취급되고 서양인들이 지은 학교에서 그들이 가르치는 것을 배우게 되었죠. 이미륵에게는 마치 훌륭한 인간과는 상관없는 단순한 지식들로 보였을지도 모릅니다.

이렇게 어리둥절해 있는 어린 이미륵의 마음을 눈치챈 아버지는 잠자코 있다가 이미륵이 배우고 익혔던 소동파의 한시를 외워보라고 합니다. 선생님은 이 부분에서 가슴이 먹먹해졌답니다. 여러분은 소동파가 누군지 잘 모르지요? 우리 조상들은 한문을 공부할 때 당나라 시인 소동파의 멋진 시들을 많이 암송했답니다. 〈영탄가〉는 소동파가 『삼국지』에 나오는 적벽이라는 곳에서 읊은 시랍니다. 작은 배에 올라타서 피리를 불며 자연과 사람의 변화하는 모습에 눈물지으면서 변하지 않는 자연의 아름다움을 표현한 멋진 시랍니다. 옛날 사람들은 이런 멋진 시를 술술 암송했죠. 그런 한시들에 담긴 깊은 인품과 지혜를 배우고 익혔던 거예요.

이미륵은 3.1 운동에 참가했다가 일제의 추적을 피해 우리 나라를 떠나게 됩니다. 그는 독일로 가서 계속 공부를 하여 동물학 박사학위까지 받았습니다. 독일에서 생활할 때에도 항상 한복을 즐겨 입고 뮌헨의 대학에서 독일 학생들에게 서예(붓글씨)를 가르치기도 했습니다. 그리고 한국인들이 옛날부터 배웠던 동양의 고전들을 서양인들에게 가르치며 자신의 정체성을 이어나갔습니다.

토토가 경험한
새로운 학교

이번에는 『창가의 토토』를 이야기해 볼까요? 토토는 이미륵과는 전혀 다른 스타일의 아이였던 것 같습니다. 토토는 일본의 학교 제도에 잘 적응하지 못했지요. 요즘 말로 하면 호기심이 차고 넘쳐 주의가 산만해서 선생님과 다른 아이들이 정해놓은 규칙을 따라가지 못하는 문제아였던 것 같아요. 그래서 토토의 엄마는 토토를 '새로운 학교'에 보내기로 합니다. 이 책은 토토의 새로운 학교 생활 이야기로 구성되어 있답니다.

토토는 이 새로운 학교에서 아주 멋지고 매력적인 아이로 성장하게 된답니다. 그것은 순전히 이 학교의 교장이었던 고바야시 선생님의 교육 방식 때문이었어요. 이 책에 나오는 에피소드들이 모두 재미있지만 특히 다음 부분을 소개하고 싶어요. 토토가 실수로 학교의 재래식 화장실에 지갑을 떨어뜨렸고 지갑을 찾느라 분뇨통을 혼자 뒤지기 시작하는 장면입니다(그때는 대부분 재래식 화장실이었답니다).

마침내 분노가 산더미처럼 쌓이고, 화장실 연못은 거의 바닥이 드러났다. 그런데도 지갑은 끝내 나오지 않았다. 어쩌면 화장실 언저리나 바닥에 착 달라붙어 있는지도 모를 일이었다. 하지만 토토는 지갑은 찾지 못했어도 만족스러웠다. 제 힘으로 이렇게까지 찾아보았으니까. 실은 그 만족스러움 속에는 교장 선생님이 자기가 한 행동을 야단치기는커녕 신뢰해주었으며, 또 하나의 인격체로 대해주었다는 충족감이 포함되어 있었겠지만, 당시의 토토로서는 그렇게 어려운 내용은 아직 알 수가 없었다. 어쨌든 다른 선생님들이나 어른들 같으면 이런 때의 토토의 행동을 보고 "무슨 짓을 하고 있는 거야!"라든지 "위험하니까 그만두라"고 말했을 것이고, 또는 반대로 "도와줄까?" 하고 말하는 사람도 있었을 것이다. 하지만 도모에 학원의 교장 선생님은 "끝나고 나면 전부 원래대로 해놓거라"라는 말밖에 하지 않았다.

이렇게 어린 토토는 혼자 문제를 해결하는 법을 배우면서 독립적으로 생각하고 행동할 줄 아는 아이가 된 거예요. 선생님은 이 부분이 정말 멋있었어요. 여러분은 어떤가요? 곤란한 문제가 생기면 당황한 나머지 누군가가 도와주기를 기다리나요? 뭐라고요? 어른들이 먼저 간섭하려 한다고요? 정작 혼자서 문제를 해결해보고 싶어도, 여러분 주위에는 고바야시 교장 선생님 같은 사람이 없다고요?

이 책의 끝 부분도 잊히지 않습니다. 전쟁의 폭격으로 학교 (도모에 학원)가 불에 타 없어지게 되었지요. 불에 타 잿더미로 스러져버리는 학교를 지켜보면서 고바야시 교장 선생님은 꼼짝 않고 오랫동안 말없이 지켜본답니다. 그리고 마치 아무 상처도 피해도 입지 않은 것처럼, 의연하고 씩씩하게 말하는 장면입니다.

오랫동안 불길을 바라보던 선생님은, 이윽고 곁에 있던 대학생 아들인 도모에에게 미소를 띠며 말했다. "애야, 이번에는 무슨 학교를 만들까?" 순간, 도모에는 제 귀를 의심하며 교장 선생님의 얼굴을 쳐다보았다. 그랬다. 아이들에 대한 교장 선생님의 애정이나 교육에 대한 열정은, 지금 학교를 휩싸고 있는 저 불길보다도 훨씬 강했고 뜨거웠던 것이다. 그리고 선생님은 여전히 건강했다.

하지만 훗날 토토의 회고에 따르면, 결국 학교는 다시 세워지지 못했고 토토는 다른 학교로 전학을 갈 수밖에 없었다고 해요. 토토는 다른 학교로 전학을 간 후에도, 또 나이가 들어 어른이 되어서도 이 학교에서의 아름다운 경험을 평생 잊지 못했다고 합니다.

학교는
스콜레를 누리는 곳

학교란 무엇일까요? '공부하는 곳'이
라는 뻔한 대답 말고, 머리를 휘휘 돌려서 상상력을 발휘해보자
고요. 학교는 무엇일까요? 우리는 왜 학교에 다닐까요? 아무리
가난한 지역에도, 오랜 옛날에도 꼭 있었던 학교, 학교는 과연 왜
존재할까요? 학교의 영어 표현인 스쿨school의 원래 의미는 '스
콜레schole'로 '여가(휴식, 쉬다)'라는 뜻을 갖고 있답니다. 믿기지 않
는다고요? 그래요. 맞아요.

우리는 학교에 가면 열심히 공부해야 하기 때문에 '쉬다, 여
가를 누리다'는 것과는 반대의 일을 하고 있잖아요. 쉰다는 것,
여가를 누린다는 것은 학교가 아닌 곳에서 가능하다고 생각할
수 있지요. 학교에 다녀와서 친구들과 놀거나 잠을 자려고 쉴 때
'여가'를 누린다고 생각하겠죠. 하지만 사실은 그렇지 않답니다.

아주 먼 옛날에도 대부분의 사람들은 생계를 위해 일을 해
야 했습니다. 일하는 동안에는 여가를 누릴 수 없었어요. 뭔가

정신없이 일하느라 바쁠 때는 생각에 잠길 겨를도 자연의 아름다움을 느낄 마음의 여유도 없잖아요. 음악을 듣거나 그림을 그리거나, 기도를 하거나 차분히 책을 읽을 시간도 없기는 마찬가지입니다. 그래서 일부 여유 있는 사람들이 이런 것들을 할 수 있는 시간을 따로 만들어 '학교'라는 장소를 만들었어요. 그 시절 학교에 다닌다는 것은 아무나 누릴 수 없는 특권과 같았습니다.

그러니까 학교는 '일부러' 스콜레(여가)만 누리기 위해 특별히 만든 곳이에요. 학교에 다니는 시간만큼은 생계를 위해 땀 흘리는, 정신없는 시간으로부터 탈출해서 생각하고 탐구하고 아름다움을 감상하고 경건한 기도를 올릴 수 있었죠.

종교에는 안식일이 있지요? 안식일은 어떤 일도 하지 않고 오로지 편히 쉬면서 경전을 읽고 묵상하는 날입니다. 학교도 이 것과 비슷하답니다. 눈앞의 필요한 일들에 급급하다 보면 놓치기 쉽지만, 우리 삶에 꼭 필요하고 중요한 것들을 배우고 가르치고 함께 생각하는 시간, 학교는 그런 '스콜레'를 하기 위한 곳이랍니다.

장학금을 받으면서 이런 생활을 누릴 수 있다면 더욱 감사하겠지요? 그래서 장학금이라는 영어 단어도 스콜레가 살짝 변화된 것, 즉 스칼러십scholarship입니다. 그리고 연구에 몰두하는 학자를 스칼러scholar라고 합니다.

그런데 요즘의 학교는 어떤가요? 이런 스콜레를 제대로 알차게 누릴 수 있을까요? 안타깝게도 그렇지 않은 것 같아요. 해외로의 조기 유학을 꿈꾸고 특목고, 국제학교, 자율형 혁신학교 같은 특별한 곳에 가고 싶어 합니다. 또한 여러 형태의 대안학교나 자율학교들이 생겨나 저마다 더 공부 잘하고 즐겁고 행복한 학교라고 광고하는 것이 유행이 되고 있습니다.

　이렇게 학교의 이름들이 점점 거창하게 바뀌고 있다는 것은, 역설적으로 우리 시대의 학교가 즐겁거나 행복하거나 충분히 자유롭지 못하다는 사실의 반증인지도 모릅니다.

스콜레 학교 이야기를 해보았습니다. 첫째, 이미륵이 경험한 서당과 서양의 학교를 그의 책『압록강은 흐른다』를 통해 살펴보았습니다. 둘째, 우리에게 너무 낯선 문자가 된 한문에 대해 이야기해보았습니다. 셋째, 토토가 경험한 대안학교 이야기를『창가의 토토』라는 책을 통해 살펴보았습니다. 넷째, 학교는 무엇일까요? 경쟁과 지식을 배우는 곳이 아니라 스콜레를 하는 곳이라는 것을 알았습니다. 스콜레는 생계를 위해 일하는 바쁜 시간에서 벗어나 진리와 참된 것, 아름다운 것을 배우고 익히며 사색하는 시간입니다.

지금 선생님이 이 글을 쓰고 있는데 책장 한구석에『프랑스 학교』라는 제목의 길쭉하고 얇은 책이 눈에 띄는군요. 남자아이 둘이 연필을 손에 쥐고 뭔가 골똘히 생각하는 모습의 사진이 책 표지에 담겨 있어요. 스콜레를 즐기는 모습처럼 보이네요.

또 우리가 지금 이렇게 철학 수업을 하는 이 '가상의' 학교도 스콜레 만끽하기 좋은 곳이랍니다. 스콜레가 살아 있는 학교는 말이에요. 이 세상의 무수한 지혜를 여러분의 마음속에 차곡차곡 쌓이고 쌓이게 할 수 있답니다.

그렇다면 스콜레가 살아 있는 학교를 만들기 위해 우리는 무엇을 할 수 있을까요? 무엇보다 먼저 '학교'에 '스콜레'를 누리기 위해 간다고 생각하기를 바랍니다. 여러분의 마음속에 새로

새긴 스콜레라는 단어를 잊지 않는 것, 그 작은 마음가짐이 모이고 모인다면 언젠가 여러분의 마음에 쏙 드는 좋은 학교를 만들 수 있을 것입니다.

10장

원더랜드

이번 철학 수업의 주제는 '원더랜드 Wonder Land'입니다. 원더랜드는 평소에 우리가 느끼고 있는 일상적 세계와는 좀 다른 방식으로 세상을 체험해보는 것입니다. 게임이나 SF 영화 속에서 느낄 수 있었던 상상의 세계, 신비롭고 흥미진진한 사건들이 펼쳐지는 그런 세계입니다. 그런데 꼭 게임이나 영화를 통하지 않고도 원더랜드를 느껴볼 수 있는 방법이 있습니다.

자, 눈을 감고 상상에 잠겨봅시다. 우리는 지금 신록이 우거지고 따스한 햇살이 내리쬐는 잔디밭에 앉아 있습니다. 그렇게 지금부터는 팍팍한 세상을 잊고 잠시 동안 멍 때리고 있기로 해요. 그냥 아무 생각 없이 가만히 있는 거지요. 이런저런 생각들이 하나둘 사라지기 시작하면 졸릴 거예요. 그래도 졸지는 말고 깨어 있어봅시다. 마음을 텅 비운 채 그저 바람과 햇살을 느끼며 있어보는 거예요.

어떤 느낌이 드나요? 선생님은 어렸을 때 나무 이름이랑 꽃 이름을 많이 알고 있는 사람과 결혼하고 싶었을 만큼 이렇게 가

구스타프 비겔란, 〈윤회〉, 화강암, 높이 17m, 1929~1943.

만히 자연 속에 앉아 있을 때 찾아오는 신비로운 느낌이 좋았답니다.

자, 이번에는 훌쩍 북유럽 노르웨이로 날아가볼까요? 지금 우리는 노르웨이의 프로그네르 공원에 와 있습니다. 이 공원에는 수많은 조각품들이 전시되어 있습니다. 198쪽의 조각작품을 한번 보세요. 수많은 사람들이 층층마다 뒤엉켜 있는 것이 보이죠? 이 작품의 이름은 〈윤회〉입니다. 느낌이 어떤가요? 『꽃들에게 희망을』에 나오는 장면을 떠올리는 친구들도 있겠네요. 서로 경쟁하느라 얽히고설킨 벌레들의 모습 말이에요. 우리네 인간들의 빡빡하고 정신없는 삶이 느껴지면서도 한편으론 참 신비롭습니다.

내게 환상의 나라를
보여줘

이번에는 책과 영화를 살펴볼까요? 여러분이 책이나 공연, 영화로 본 것들 중에서 진짜 판타스틱하고 흥미진진한 원더랜드 이야기가 있었나요? 어떤 것들이 있었지요? 『이상한 나라의 앨리스』 이야기는 어떤가요?

남녀노소를 불문하고 전 세계적으로 이 동화는 엄청난 인기를 누려서 영화나 뮤지컬, 발레로도 만들어졌어요. 음식을 파는 가게나 놀이공원의 이름으로도 쓰이고, 동화 속 캐릭터들이 새겨진 다양한 소품과 장식품들도 많답니다. 아마 지금도 새롭게 또 무언가로 계속 만들어지고 있을 거예요.

『이상한 나라의 앨리스』 이야기를 많은 사람들이 계속 좋아하는 이유가 무엇일까요? 앨리스라는 소녀가 겪는 신기한 환상의 나라, 원더랜드는 읽는 사람에게 지루한 일상에서 벗어나 새로운 세계를 경험하게 해주기 때문입니다.

우리는 멋지고 신나면서도 새롭고 신비로운 모습을 통해 즐거움과 행복감을 느끼는 것이죠. 이 이야기를 지은 루이스 캐럴은 수학을 아주 좋아하고 논리학도 아주 잘했다고 해요. 신기하고 새로운 이야기를 지어내는 솜씨가 보통이 아니지요?

그런데 우리가 어렸을 때 할머니에게 들었던 한국의 전래동화도 비슷하지 않았나요? 하늘 세계와 지하 세계를 왔다 갔다 하고, 이렇게 저렇게 변신도 하고요. 아주 흥미진진한 이야기들이 많았습니다.

독일로 넘어가볼까요? 이번에는 과거로 여행하는 원더랜드 이야기를 담은 철학소설 『소피의 세계』입니다. 이 이야기의 주인공 소피는 아마 여러분 또래일 거예요. 이상한 나라의 앨리스와 달리 소피는 어떤 철학자 아저씨로부터 편지를 받고 소크라테스, 아리스토텔레스, 데카르트 등 서양의 유명한 옛 철학자들을 차례로 만나기 시작합니다. 철학자들이 살고 있던 과거로 시간여행을 하며 그들과 대화의 시간을 가진 것이죠. 이 역시 또 다른 원더랜드입니다.

맛있는 것을 먹고, 신기한 모험을 하고 짜릿한 체험을 하는 곳이 원더랜드인데 소피가 경험한 원더랜드에는 맛있는 것을 먹거나 동물들이 마법을 부리는 장면은 나오지 않아요. 여기에서 신기한 것은 '생각'이에요. 옛 철학자들의 '생각'을 듣고 그들과 얘기를 나누면서 소피는 자기에 대해, 이 세계에 대해, 사랑하는 가족들에 대해 새롭게 눈을 뜬답니다. 정리하자면 '생각의 원더랜드'인 것이죠.

애니메이션 〈스노우맨〉은 어떤가요? 환상적이고 아름다운 눈사람들이 살고 있는 원더랜드로 여행을 다녀오는 소년의 이야기입니다. 선생님은 영화 속에서 주인공이 눈사람의 손에 이끌려 하늘을 날아갈 때 나오는 노래를 참 좋아한답니다. 여러분도 한번 들어보세요. 〈We Walking in the Air〉라는 노래예요. 이번에는 영어 가사와 번역을 여러분이 직접 찾아보기 바랍니다.

스노우맨과 함께 하늘을 날게 되었을 때 주인공 소년은 하늘 위에서 이 세계와 사람들의 모습을 보게 됩니다. 파도가 치는 바닷물에서 고래가 뛰놀고 펭귄들은 장난치듯 서로 부딪치죠. 바다 위 큰 유람선 안에서는 사람들이 즐겁게 어울리고 있습니다. 눈이 소복이 쌓인 집과 도로와 학교와 교회를 지나면서 주인공은 새들과 인사하고 산을 넘고 강을 건너 새로운 마을도 지나가지요. 그곳에도 소담스럽게 눈이 내리는데 어떤 소녀가 다락방에서 눈이 오는 하늘을 바라보다가 눈사람과 소년이 함께 하늘을 나는 모습을 보고 깜짝 놀라요. 그러고는 자기가 들고 있던 크리스마스카드를 물끄러미 바라봅니다. '내가 지금 꿈을 꾸고 있는 건가?' 하는 표정을 지으면서요.

불가사의하고 신비로운 거,
원더랜드는 바로 여기에

이번에는 가만히 들어보세요. 여러분 왼쪽 가슴에서 쿵쿵거리는 것, 여러분의 손목 안쪽에서 팔짝팔짝 뭔가가 뛰고 있습니다. 심장 소리와 맥박의 움직임이지요. 내가 지금 숨을 쉬고 있는 거예요. 신비롭지 않나요?

철학자 비트겐슈타인은 이런 유명한 말을 남겼습니다. "이 세상이 존재한다는 것, 이것이야말로 가장 큰 신비 중의 신비인 것이다." 지금 내 눈앞에서 신비롭고 불가사의한 것이 바로 이 세상이라고 했어요. 우리가 지금 느끼고 보고 만지고 하는 바로 이 세상 말이에요.

여러분 또래의 친구가 즉흥적으로 지은 글을 보여줄게요.

이 세상에는 놀랍고 신비스러운 것이 정말 많다. 우주, 사람, 자연 등 그런 신비스러운 것들은 어떻게 생겨난 것일까? 우주는 어떻게 생겨난 것일까? 우주의 끝은 어디일까? 지구의 중심에 가면 무엇이 있을까? 이런 것들은 현재는 아무도 대답할 수 없다. 미래에는 대답할 수 있을지도 모른다. 우주는 빅뱅이라는 대폭발로 생겨났다고 한다. 과학자들은 왜 그렇게 추론했을까? 해는 언젠가 사라질까? 사라지면 우리 사람들은 어떻게 될까? 그때는 과학기술이 많이 발달해서 죽지는 않을지도 모른다. 그렇지만 만약 해가 없어진다면 굉장히 힘들겠지. 사람은 어떻게 태어났을까? 만약 원숭이가 사람으로 진화했다면 왜 다른 원숭이는 사람으로 진화하지 않았을까? 이러한 것들은 참 놀랍고 신기하고 또 궁금하다.

눈을 들어 이것저것 바라보면, 사실 불가사의하고 신비롭지 않은 게 없는 것 같아요. 자신의 손을 가만히 들여다보세요. 세밀한 혈관들이 오밀조밀 수없이 많이 연결되어 있으면서 우리 몸은 한시도 쉬지 않고 일을 합니다. 물론 과학책에는 우리 몸에 혈관이 이러이러한 게 있고 온몸에 이러이러하게 퍼져 있다고 설명해놓고 있습니다. 그런데 우리가 그 책의 내용을 다 읽고 혈관에 대해 몰랐던 것을 알게 되었다고 해도 지금 느끼는 이 감정, 신비스러운 감정은 또 다른 느낌입니다. 혈관이 이렇게 살아 움직이는 것이 신비롭습니다. 내 몸 구석구석, 내 손가락 끝 구석구석까지 퍼져 있는 혈관들 속으로 흐르는 혈액의 끊임없는 활동들을 상상해봅니다.

생물 공부를 열심히 한 학자들도 연구를 할수록 이렇게 고백하는 사람들이 적지 않습니다. 생명의 활동은 '알면 알수록' 놀랍고 신비롭다는 거예요. 생명을 연구하는 과학자나 철학자 그리고 예술가에게 원더랜드는 바로 생명을 가진 사람과 그들에 의해 만들어지는 세계예요.

놀이기구를 타다가 떨어지는 순간을 포착해서 그 순간이 신비롭다고 아주 재미있게 말하는 친구도 있을 거예요. 그렇게 사람이나 물건이 땅으로 떨어지는 것을 '신기하게' 생각한 과학자가 누구였지요? 맞아요, 뉴턴이었습니다. 우리는 물건이 아래로 떨어지는 것을 당연하고 익숙하게 생각하고 관심조차 두지 않는데 뉴턴에게는 이것이야말로 원더랜드 중의 원더랜드였던 거예요. 해와 달과 별, 우주가 어떻게 생겨났고 또 앞으로 어떻게 될 것인가? 이런 질문을 평생 품고 살았던 사람들은 우주를 원더랜드로 삼아 이런저런 발견과 발명들을 해냈고, 오늘날도 새로운 기술들이 나오고 있습니다.

생각해보면 인간과 인간이 살고 있는 이 세계야말로 정말 신비로운 원더랜드가 아닐 수 없습니다.

새로운 세계와
익숙한 세계

우리는 왜 원더랜드를 좋아할까요? 우리는 왜 위험할 수도 있는 모험과 새로운 세계, 새로운 사람과 새로운 사건, 새로운 물건을 보면 흥분하고 즐거워할까요? 아무리 맛있는 음식이라 해도 계속 같은 것만 반복해 먹으면 질리잖아요? 아무리 예쁜 사람과 살기 좋은 집에 살아도 그 집에서 그 사람만 보고 있으면 얼마 안 가서 답답함을 느낄 수도 있고요.

우리는 움직이고 활동하고 싶어 하고, 새로운 것들을 찾아 나서고, 장애를 물리치고, 새로운 것들을 나의 것으로 만들고, 내 능력으로 근사한 것을 창조하고 싶어 합니다. 그리고 그 결과물들은 다시 내 마음과 몸의 양분이 됩니다. 사실 우리가 살아 있다는 것은 끊임없이 이런 활동을 하고 있다는 것을 의미해요.

여기서 곰곰이 생각해볼 문제가 있어요. 바로 '새로움'에 대한 철학적 정의입니다. '새롭다'는 것은 무엇일까요? '하늘 아래 새로운 것은 없다'는 속담을 명제로 두고 함께 생각해보겠습니다.

여러분은 이 속담이 맞다고 생각하나요? 그렇다고 대답한 사람들이 있답니다. 그들은 다음과 같이 주장합니다.

하늘 아래 새로운 것은 결코 없다!

새롭다는 것은 반드시 어떤 사람, 또는 어떤 사람들에게만 새로운 것이고 진짜 어느 누구에게도, 심지어 신에게도 '새로운 것'이란 없다. 그저 새롭게 보일 뿐이다. 아직 우리가 경험해보지 못했던 것이기에 '새롭게' 느껴질 뿐이지만 우리가 아닌 다른 사람, 내가 아닌 다른 사람에게는 전혀 새로운 것이 아니라 '익숙한' 것이다. 무엇인가 새로운 것을 발명했다고 해도 그것은 결코 과거에 익숙하던 것들과 완전히 동떨어진 창조가 아니다. 다만 그동안 우리가 익숙하게 보고 듣고 살아왔던 것을 '새로운 감각과 새로운 마음으로' 바꿔보게 되는 것일 뿐이다.

이 주장을 읽어보니 어떤가요? 맞는 것 같기도 하지요? 선생님도 이런 비슷한 생각을 할 때가 적지 않았어요. 선생님은 집과 연구실을 오갈 때 꼭 한강을 건너게 된답니다. 어느 날이었어요. 중국 관광객들이 우르르 전철을 탔고 선생님 주위에 앉게 되었어요. 막 한강이 보이기 시작했습니다. 그랬더니! 중국 관광객들이 일제히 환호성을 지르며 신기한 표정으로 한강을 열심히 살펴보기 시작했어요. 그 모습을 물끄러미 보면서 문득 깨달았답니다.

'나는 매일 이곳을 지나가면서 한강을 보는데 왜 한강이 새롭거나 멋지다고 느끼지 못한 것일까? 한강을 제대로 열심히 본 적은 있었나? 어쩌면 내게 한강은 너무 익숙한 풍경이 되었기 때문에 특별한 감흥도 없고 새로움도 느끼지 못하는 것이 아닐까? 만약 내가 다른 나라에 가서 이제까지 한 번도 보지 못했던 강을 본다면 정말 새롭고 신기한 느낌이 들어서 열심히 볼지도 몰라. 그 나라 사람들은 너무 익숙해서 아무렇지도 않게 지나가는 그 강을 나는 신기하게 바라볼지도 모르지.'

하지만 이와 같은 주장이나 생각에 대해 다음과 같이 반론을 제기할 수도 있습니다.

새로운 것은 날마다 만들어진다!

원더랜드 이야기가 새롭고 흥미진진한 것은 수많은 사람들이 익숙하게 생각하고 익숙하게 보고 들었던 것을 정말 '새로운 모습으로' 보고 듣고 생각할 수 있게 해주었기 때문이다. 그리고 이렇게 새롭게 해주는 것은 천재들만 할 수 있는 재능이 아니다. '하늘 아래 새로운 것이 없다'는 말은 맞지 않다. 우리 모두가 새로운 것을 만드는 재능을 잠재적으로 갖고 있다. 우리 스스로가 새로운 맛과 새로운 풍경과 새로운 패션과 새로운 공연 작품과 새로운 감동으로 날마다 새로워질 수 있는 것이다. 그러니까 무엇인가를 항상 새롭게 만들어내는 사람들의 재능은 익숙한 것이 아니다. 그리고 이 때문에 우리는 이렇게 날마다 새롭게 발전하고 더 좋은 모습으로 되어가는 것이다. 우리는 자신 안에서 이 새로운 재능을 발견하고 계속 경험한다. 이런 새로운 경험이 없다면 우리의 삶은 멈춰 있을 것이고 그건 정말 지루할 것이다.

자, 어떤가요? 여러분은 어느 쪽의 주장에 더 공감이 가나요? 선생님은 두 의견이 다 맞는 것 같아요. 한편으로 생각하면 앞의 주장이 맞고, 다른 한편으로 생각하면 뒤의 주장이 맞아요. 그런 게 어디 있냐고요? 그래요. 여러분 말도 맞아요.

그러니까 이 문제는 어느 한쪽으로 딱 결론을 내리기가 쉽지 않답니다. 하늘 아래 새로운 것은 없다는 말이 맞는 것도 같지만, 또 우리 모두의 안에는 새로운 감각으로 뭔가를 창조해내는 능력도 있는 것 같아요.

원더랜드에 관해 생각해보았습니다. 첫째, 이상한 나라의 앨리스, 소피, 스노우맨 이야기를 통해 원더랜드를 살펴보았습니다. 둘째, 불가사의하고 신비로운 경험을 떠올려보며 이 세상에 존재하는 원더랜드에 대해 생각해보았습니다. 셋째, 우리가 원더랜드를 좋아하는 이유를 비롯하여 과연 이 세상에 새로운 것이 있을 수 있는가에 관해 생각해보았습니다.

우리는 아직도 '멍 때리기' 잔디밭 위에 앉아 있습니다. 이제 모두 일어나서 근처에 마련되어 있는 그네를 타볼 거예요. 그런데 전과는 아주 다른 방식으로, '새로운' 방법으로 그네를 탑니다. 그네와 그네 사이에서 발을 하나씩 올려놓고 그네 두 개가 동시에 올랐다 내렸다 하도록 하는 것입니다. 약간 위험할 수도 있지만 주의를 기울여 조심히 탄다면 새로운 즐거움을 느낄 수 있습니다.

그네 타기를 마치고 집으로 돌아가는 길입니다. 어느덧 노을이 지고 있네요. 길가에는 하나둘 가로등이 켜지기 시작합니다. 가까이 가서 가로등을 자세히 올려다봅니다. 가로등의 색깔이 무지갯빛으로 변해가는 모습을 발견할 수 있을 것입니다. 가로등은 한 가지 색깔이 아니었던가? 예전에는 그토록 뚫어져라 관찰하지 않아서 미처 몰랐던가? 하지만 이제는 내가 있는 이 세상이 온통 원더랜드라는 것을 알기 시작합니다.

가로등의 색깔이 변해가는 모습을 보니 이것도 아주 새롭고 신비롭게 보입니다. 신비롭게 색깔이 변해가는 가로등 밑에서 멍 때리기 철학 수업을 기념하는 사진을 찍어볼까요? 자, 준비됐나요? 아이쿠, 선생님이 실수로 플래시 설정을 안 해서 여러분의 얼굴이 모두 까맣게 나왔네요. 그런데! 사람들의 어두운 모습 대신 뒷배경이 환상적으로 반짝입니다.

11장
성격

이번 철학 수업의 주제는 '성격'입니다. 여러분은 자신이 어떤 성격이라고 생각하나요? 성격도 유행을 탈까요? 선생님은 그렇다고 생각하는 편이랍니다. 우리가 살고 있는 시대에서 사람들에게 비교적 환영받는 성격이 있고, 비교적 좋게 평가받지 못하는 성격이 있는 것 같아요. '외향적' 성격과 '내향적(내성적)' 성격으로 예를 들어볼까요? 누군가가 여러분에게 성격이 외향적이라고 말하면 기분이 좋은가요? 또는 그와 반대로 내향적이라고 말하면 기분이 안 좋은가요? 요즈음은 내향적 성격보다 외향적 성격이 더 긍정적으로 평가받는 것 같지요? '핵인싸'도 성격이 외향적인 사람을 가리키는 말이잖아요.

어쨌든 요즘은 내향적 성격의 소유자는 자칫하면 왕따를 당하거나 심하면 집단 괴롭힘을 당할 수도 있습니다. 그저 사람들과 쉽게 어울리고 싶지 않아서 혼자 다니는 것뿐인데 공연히 잘난 척한다고 오해받을 수도 있고요. 사교적인 면이 다소 부족하거나 말주변이 없고 조용하게 지내는 게 좋을 수도 있는데 이런 모습을 보기 싫어하고 자기 심복이나 부하로 삼지 못해 안달인 친구들도 있습니다. 단지 내향적인 것뿐인데 "쟤는 재수없어!"라거나 "너는 성격이 왜 그렇게 이상하니?"라는 말을 듣기도 합니다. 하지만 외향적인 성격보다 내향적인 성격이 더 좋게 평가받는 시대도 있었답니다.

과연 집단 괴롭힘이나 왕따를 당할 만한 성격이 따로 있을까요? 남들과 조금 다르게 말하거나 조금 다르게 행동한다고 해서 성격이 이상한 사람으로 취급받아야 할까요? 당연히 대답은 "아니요"입니다. 성격은 우리 한 사람 한 사람이 가진 고유한 개성일 뿐입니다. 중요한 것은 나 자신과 다른 친구들의 성격을 있는 그대로 존중하고 배려하는 것입니다.

성격에 대해 관심을 가져보면 그 자체로 흥미로운 탐색 놀이가 될 수 있답니다. 자, 시작해볼까요?

성격에 관한
명언들

다음은 『세계 명언 대사전』에서 성격에 관한 스물세 가지 글귀를 뽑아본 것입니다. 천천히 하나씩 읽으면서 '이게 무슨 뜻일까' 상상해보도록 합시다. 물론 금방 이해하기는 쉽지 않을 거예요. 하지만 한두 번 읽어보고 생각해보면 문득 멋진 풀이가 떠오를 수 있습니다. 와닿는 글귀가 있으면 밑줄을 그어두세요.

1. 자신의 성격은 자기 운명의 조정자이다.

   (푸블릴리우스 시루스, 『잠언집』)

2. 즐거워해야 할 것을 즐거워하고 싫어해야 할 것을 싫어하는 것은, 뛰어난 성격의 가장 위대한 처신이다.

   (아리스토텔레스, 『니코마코스 윤리학』)

3. 재능은 조용한 곳에서 발달하고, 성격은 인간 생활의 험한 파도 속에서 이루어진다. (괴테, 『타소』)

4. 모든 사람의 마음속에는 호랑이와 돼지와 나귀와 나이팅게일이 있다. 성격의 차이는 이 네 가지의 고르지 못한 작용에서 생긴다. (비어스, 『악마의 사전』)

5. 사람이 어떻게 칭찬을 받아들이는가를 보면 그 사람의 성격을 알 수 있다. (세네카, 『서간집』)

6. 늑대는 이빨을 잃어도 그 천성은 잃지 않는다. (풀러, 『잠언집』)

7. 성품이 다정하면, 그 얼굴은 즐겁다. (아놀드, 『문학과 독단』)

8. 상냥한 태도와 부드러운 말씨가 사람의 마음을 얼마나 위로해주는지 말로 다 할 수 없다. (키케로, 『의무론』)

9. 장갑 속에 있는 고양이는 생쥐를 잡지 않는다.

(프랭클린, 『가난한 리처드의 달력』)

10. 괴팍한 자는 불행하다. 아무것도 그를 만족시킬 수가 없기 때문이다. (라퐁텐, 『우화집』)

11. 냉정하고, 열기와 성급함이 없는 것은 훌륭한 자질이다.

(에머슨, 『수상록』)

12. 생각이 너그럽고 두터운 사람은 봄바람이 만물을 따뜻하게 기르는 것과 같아서, 모든 것이 이 사람을 만나면 살아난다. 생각이 각박하고 냉혹한 사람은 북풍과 한설이 모든 것을 얼게 함과 같아서, 만물이 이 사람을 만나면 곧 죽게 된다.

(홍자성, 『채근담』)

13. 가장 치명적인 환상은 고정된 관점이다. 인생이 성장하고 움직임에 따라 고정된 관점은 그것을 가진 사람이면 누구나 죽이기 때문이다. (애트킨슨,『태양 1회전』)

14. 행동하는 인간은 이기주의와 자만심과 가혹과 교활의 강력한 한 첩의 약을 가지고 있다. 그러나 이런 점은 그에게 용인될 것이며, 만약 그것들을 위대한 목적을 이루는 방편으로 삼을 수 있다면, 실로 그것들은 고상한 우수성으로 간주될 것이다. (드골,『검술』)

15. 많은 일 중 두 가지, 즉 거짓말하는 부자와, 자만하는 가난한 사람은 용인될 수 없다. (해리크,『두 가지 밉살스런 일』)

16. 그를 보니, 부모를 다 죽이고는, 사형 언도가 내려지려는 참에, 자기가 고아라는 이유로 자비를 간절히 빌던 사나이 생각이 난다. (링컨,『링컨 자신의 이야기』)

17. 사람은 평등하게 태어나지만 또한 서로 다르게 태어난다.

    (프롬,『자유에서의 도피』)

18. 개성과 인간과의 관계는 향기와 꽃과의 관계와 같다.

    (시워브,『성공의 십계명』)

19. 많은 사람, 많은 의견, 각자는 자기 나름.

    (테렌티우스,『포르미오』)

20. 산마다 그 나름의 골짜기가 있다. (멜반케,『펠로티누스』)

21. 두 사람이 창살을 통해 밖을 본다. 한 명은 진흙을 보고 한 명은 별을 본다. (랭브리지, 『명상의 다발』)

22. 모진 돌이나 둥근 돌이나 다 쓰이는 곳이 있는 법이니, 다른 사람의 성격이 나와 같지 않다 하여 나무랄 것이 아니다.

    (안창호, 『동지들에게 주는 편지』)

23. 양고깃국이 비록 맛이 좋으나 모든 사람의 입을 맞추기는 어렵다. (『명심보감』)

자, 어떤가요? 스물세 가지 문장 가운데 어떤 글귀가 여러분의 가슴에 와닿았나요? 어떤 내용이 여러분의 마음을 움직였나요? 자신도 모르게 '아, 이거 괜찮네' 하게 되는 문장이 있었을 거예요. 주저하지 말고 스스로 풀이를 해보세요. 이런 것은 정답이 있는 것이 아니어서 스스로 이리저리 생각해보는 것이 최선이랍니다.

이 명언들이 담긴 『세계 명언 대사전』은 양주동 박사가 엮은 책이에요. 선생님은 어렸을 때 이 책을 보고 얼마나 신기했는지 몰라요. 커다란 책의 두꺼운 표지를 넘기면 속표지가 나오는데 속표지 사진에 특히 눈길이 갔어요. 턱을 괴고 생각하는 소녀의 조각상이었어요. 로댕의 〈생각하는 사람〉은 남자잖아요. 이 사진은 여자의 모습이에요. 아름다운 소녀가 눈을 약간 밑으로 내린 채 무언가를 골똘히 생각하며 명상에 잠겨 있는 듯한 모습입니다.

그 사진을 실컷 본 후에는 두꺼운 책을 아무 곳이나 펼쳐 눈길 닿는 대로 자유롭게 읽어 해치우곤 했습니다. 솔직히 말해서 재미있었던 부분은 성격, 성격의 장점과 단점, 질투, 키스, 참견, 핑계, 흉내, 웃음, 약점, 의심 등의 내용이었답니다.

명언들 중에서 마음에 와닿는 것들이 있으면 메모해두거나 외워두고 글쓰기를 할 때 인용해보세요. 여러분의 글이 더욱 빛날 거예요. 『채근담』이나 『명심보감』 같은 고전과 종교음악 가사의 내용도 좋습니다. 서민이 즐겨 부르던 민요도 사람들의 마음과 마음을 통하여 기억되고 계속 인용된 내용들을 담고 있습니다. 될 수 있는 한 많이 읽고, 많이 듣고 기억해두기 바랍니다.

나의 성격
마주보기

여러분은 그동안 선생님과 함께 철학 수업을 하면서 혹시 선생님의 성격을 눈치채지 않았나요? 선생님의 성격을 고백해볼까요? 나는 과거를 잘 잊지 못하는 성격입니다. 특히 부모님이 세상을 떠나신 후에는 과거의 추억을 되살려보고 사진을 자주 들여다보았어요. 그러다 그게 취미가 되어버렸답니다. 또한 순간적으로 단호히 말하는 듯이 보일 때가 있어요. 하지만 그런 만큼 쉽게 단정 짓고 상대방을 비판하기도 하지요. 대체적으로 성급한 편입니다.

남의 부탁을 잘 거절하지 못하는 성격이기도 해요. 좋은 것은 좋다, 싫은 것은 싫다, 분명히 말하지 못하죠. 상대방이 상처를 받을까 봐 걱정이 되어서 그래요. 혼자 무엇인가에 몰두해 있으면 좀처럼 다른 일에 신경을 못 쓰기도 합니다.

이렇게 하나둘씩 나열하다 보니 이전에는 장점인 것 같았는데 그게 오히려 단점인 것 같기도 하네요. 아무튼 성격을 스스로 객관적으로 보는 것은 쉽지 않은 일입니다. 자신의 성격을 잘 이해하고 있는 사람은 많지 않아요. 자신의 성격을 잘못 알고 있는 사람도 많고요. 장점이든 단점이든 자신의 성격을 있는 그대로 이해해볼 필요가 있답니다.

여러분은 『안네 프랑크의 일기』를 읽어봤나요? 짧은 동화 말고요. 일기 내용이 전부 들어 있는 책 말이에요. 선생님은 안네 프랑크의 일기를 바탕으로 만든 영화를 보았답니다. 안네의 글을 읽으면 그녀의 성격을 고스란히 읽을 수 있어요. 꿈도 많고, 여행도 많이 가고 싶어 하고, 외국어도 배우고 싶고, 외모에도 신경 쓰고, 남자친구에 대한 관심도 있고요. 그리고 역사를 참 좋아하지만 재미있는 이야기를 지어내기도 좋아하고 인기 많은 여배우를 꿈꾸기도 합니다. 똑 부러지는 성격 같다고요? 지금으로 말하면 외향적인 성격이라 할 수 있겠죠. 하지만 날마다 자기만의 시간을 갖고 조용히 글쓰기를 하는 등 내향적인 성격이기도 했습니다.

이번에는 미국의 대통령이었던 링컨을 볼까요? 링컨은 사교적인 성격이 아니었어요. 하지만 여러 사람들 앞에서 연설은 참 멋지게 잘했지요. 훌륭한 연설의 비결은 엄청난 독서와 메모였답니다. 우리가 링컨의 연설 내용으로 알고 있는 "국민에 의한, 국민을 위한, 국민의 정부"라는 표현은 사실 링컨 자신이 만든 말이 아니라 어느 목사님의 설교집에서 배운 것이지요.

성격의 단점이나 장점은 시대나 상황에 따라 상대적일 수 있습니다. 안네 프랑크나 링컨은 자신의 성격을 바르게 이해하거나 마주볼 줄 알았던 것 같아요. 그래서 이들은 자신의 성격을 보완하거나 빛나게 해주는 방법을 알았던 것입니다. 이번에는 어떤 친구가 자기 성격에 관해 솔직하게 쓴 글을 함께 읽어보도록 합시다. 앞에서 말한, 성격에 관한 명언 하나가 인용되었네요.

지금부터 내 성격의 장점과 단점을 이야기해보겠다. 일단 내 장점은 싫으면 싫다, 좋으면 좋다고 말하는 것이다. 이렇게 표현하는 것은 물론 상대방에게 상처를 줄 수도 있지만 계속 좋다고만 하면 상대방이 나를 생각하지 않고 자기 마음대로 하는 버릇을 가지게 될 수도 있기 때문에 좋다고만 표현하는 것은 상대방에게도 그다지 좋지 않고 나에게도 나쁜 영향을 끼쳐 싫으면 싫다고 말하는 것은 나의 장점이라고 생각한다.

내 성격의 단점은 내가 싫어하는 사람의 뒷담화를 한다는 것이다. 이것은 "산마다 그 나름의 골짜기가 있다(멜반케)"는 것을 이해해주지 않는 것과 같다. 왜냐하면 그 사람이 이상한 것이 아니라, 나와 달라서 안 맞는 것일 뿐인데 나는 그 사람이 이상하다고 생각하고, 아니면 못됐다고 생각해서 싫다고 생각하기 때문이다. 이러한 것은 내가 다른 사람을 이해해주지 않는 것과 같기 때문에 나의 단점이라고 생각한다.

어떤가요? 이 친구는 솔직하게 좋다, 싫다를 말하는 것을 자기 성격의 장점이라고 말하고 있네요. 하지만 다른 친구는 이러한 솔직함이 오히려 단점이 될 수도 있다고 말하겠지요?

성격은 너무나 다양한 우리의 모습을 보여줍니다. 사교적이고 분위기를 잘 맞춰주는 성격이 있는가 하면, 남들 앞에서 잘 이끌어가고 주도하기 좋아하는 성격이 있습니다. 정의감이 강한 성격이 있는가 하면, 질투심이 많은 성격도 있습니다. 마음이 여리고 너무 착한 성격이 있는가 하면, 결정을 잘 못해서 우물쭈물하는 성격도 있습니다. 남에게 말로 상처를 주면서도 자신은 잘 모르는 성격도 있고요, 사람과 쉽게 친구가 되지 못하는 성격도 있지요.

여러분이 생각하는 자신의 성격은 어떤가요? 나는 금방 화를 내고 또 쉽게 풀어지는 성격인가요? 친구와 금방 친해지고 잘 어울리는 성격인가요? 친구랑 함께 노는 것을 좋아하나요? 혼자 있는 게 더 마음이 편한가요? 남이 내게 말해주는 나의 성격은 무엇이었나요? 찬찬히 생각해보길 바랍니다.

개인의 성격,
공동체의 성격

이제 조금 범위를 크게 잡아서 한 나라 국민들의 성격(국민성)에 대해 생각해볼까요? 우리 한국 사람들은 대체로 '열정적이고 털털하고 솔직한 편이며 융통성이 많고 정이 많고 신속하게 일처리를 하고 춤과 노래를 즐긴다'고 합니다. 어떤가요? 맞는 것 같나요?

유럽도 각 나라마다 사람들의 성격이 조금씩 차이가 난다고 해요. 선생님이 아끼는 옛날 책들 중에는 『타임 라이프 세계의 대도시』시리즈가 있습니다. 이 책들은 세계의 여행 작가들이 여러 도시에 살고 있는 사람들을 오랫동안 지켜보고 함께 어울려 살면서 쓴 책들입니다. 파리, 런던, 로마, 베를린, 뉴욕, 홍콩, 아테네 등 모두 열다섯 곳의 도시 사람들이 먹는 것, 입는 것, 사는 곳 등을 관찰해서 그들의 성격을 묘사하고 있지요.

프랑스 사람들은 멋지게 차려입고 맛있는 요리를 오랫동안 즐기기를 좋아합니다. 그들의 식사 시간은 1시간이 훌쩍 넘기도 한답니다. 먹으면서 사람들과 얘기하기를 무척 좋아하죠. 그렇지만 프랑스 사람들은 누구와도 잘 어울리는 개방적이고 외향적인 성격은 아니에요. 아주 친한 사람끼리가 아니면 좀처럼 집으로 초대하지 않는 편입니다. 또 자기 나라 말인 프랑스어에 대한 자부심이 아주 강하다고 합니다. 그들은 웬만해서 영어를 사용하지 않으려 해요. 프랑스 말로 된 음식이나 장소 이름도 꽤 많지요? 마카롱, 수플레, 바케트, 크레페, 카페, 레스토랑, 에클레어 같이 맛있는 음식 이름들은 프랑스어가 많잖아요. 물론 음식에 대해서는 이탈리아도 만만치 않습니다. 젤라또는 이탈리아 말이지요. 그런가 하면 영국의 남성들은 외출할 때 긴 우의나 바바리코트를 입고 장우산을 들고 다니지요. 하지만 프랑스 사람들은 비가 아주 세차게 내리지 않는 한 비를 맞고 걸어 다니기를 즐긴다고 해요.

미국은 워낙 다양한 나라 출신의 사람들이 한데 어울려 살아가는 나라이기 때문에 유럽 사람들에 비해서는 외국인에게 개방적인 성격을 가진 편이라고 합니다. 미국 사람들은 대체로 사생활을 존중하고 나이나 인종 등으로 차별을 하지 않으려고 노력하는 모습을 보이지요. 사생활에 대해서도 꼭 필요한 때가 아니면 묻지 않습니다. 개인의 생활을 그만큼 존중받고 싶어 하는 것이겠지요.

한 나라에서도 지역별로 사람들의 성격이 다릅니다. 이탈리아의 베네치아 사람들은 자기 집의 외관을 아름답고 멋지게 꾸미는 것을 매우 중요하게 생각해요. 곤돌라를 타고 지나가면 멋진 외관의 집들을 구경할 수 있죠. 같은 이탈리아 사람이라 해도 밀라노 사람들은 패션 디자인 감각을 더욱 발달시켰어요. 그들은 잘 차려입는 것을 즐겼죠.

우리나라도 지역별로 성격이 다르다고 옛날 분들이 말씀하시고는 합니다. 충청도 사람들은 잘 차려입는 것(의, 衣)을 중요하게 생각하고, 경상도 사람들은 대궐 같은 멋진 집(주, 住)에 사는 것을 중요하게 여겼습니다. 그렇다면 전라도 사람들은 어떨까요? 짐작할 수 있겠지요? 전라도 사람들은 맛있는 음식을 먹는 것(식, 食)을 중요하게 생각했다고 해요. 지금도 이 지역에 가면 상다리가 부러질 만큼 많은 반찬들이 나오는 한정식 음식점이 많습니다.

어떤 사람이 살고 있는 방이나 집, 또는 먹는 것과 입는 것을 통해서 그 사람의 성격을 짐작할 수 있듯이 한 공동체의 성격도 이렇게 먹는 것, 입는 것, 생활하는 방식을 관찰하거나 경험하면서 좀 더 많이 이해할 수 있답니다.

성격에 관해 살펴보았습니다. 첫째, 성격에 관한 옛 사람들의 명언들을 읽고 생각하는 시간을 가졌습니다. 둘째, 다양한 성격에 대해 알아보고 자신의 성격을 솔직하게 들여다보는 시간을 가져보았습니다. 셋째, 개인의 성격뿐 아니라 한 나라와 지역의 사람들에게도 공통된 기질이나 성향이 있다는 것을 알았습니다.

선생님과 함께 살고 있는 고양이 봉봉이에 대해 몇 번 말했지요? 선생님은 봉봉이와 10여 년을 함께 살고 있습니다. 이렇게 적지 않은 시간을 함께하면서 한 가지를 깨닫게 되었어요. 바로 동물들도 각자의 고유한 성격이 있다는 것입니다.

봉봉이가 우리 집에 온 지 얼마 안 된 때였는데, 예방주사를 맞으러 동물병원에 데려간 적이 있어요. 등에 주사를 꽂으면서 수의사 아저씨가 이 고양이는 성격이 "순하고 착하다"고 말하는 거예요. 그때는 그냥 의례적으로 하는 말이라고 생각했는데 그게 아니었어요. 병원에서 진료를 받는 여러 고양이들의 모습을 지켜보게 되었는데, 봉봉이와는 사뭇 차이가 난다는 것을 알게 되었어요. 봉봉이가 생활하는 모습을 보면 볼수록 봉봉이의 성격을 점점 더 섬세하게 느낄 수 있었답니다.

여러분은 여러분의 성격이 바뀌어간다는 것을 느낀 적이 있나요? 아니면 아주 어렸을 때와 비교해 지금도 성격이 별로 바뀐 것 같지 않나요? 성격은 태어날 때부터 가지고 있는 것일까요? 아니면 어디로 튈지 모르는 정해져 있지 않은 어떤 것일까요?

선생님의 각각 절반 정도라고 생각했는데, 요즘은 갖고 태어나는 쪽으로 조금 기울고 있답니다. 왜 그렇게 생각하냐고요? 내 성격이 잘 안 고쳐지는 것을 깨닫고 있기 때문이에요. 여러분은 어떤가요?

12장
기억과 망각

이번 철학 수업의 주제는 '기억과 망각'입니다. 우리는 끊임없이 새로운 것을 경험합니다. 하지만 그렇게 경험한 많은 것들 가운데 아주 조금만 기억합니다. 그래요, 아주 조금입니다. 우리가 보고 듣고 만지고 경험했던 것들 중에 엄청난 것들이 그대로 스쳐 지나가버립니다. 많은 부분을 우리는 잊습니다.

그렇게 사라져버리고 잊히는 수많은 것들 중에 기억하고 있는 작은 부분들, 여러분은 어떤 것들을 기억하며 살고 있나요? 지금 이 글을 쓰고 있는데 라디오에서 슈베르트의 〈아베 마리아〉가 흘러나오고 있어요. 여러분은 이 노래를 들어본 적이 있나요? 한번 들어보면 그 선율이 너무 아름다워서 잊지 못할 거예요. 선생님은 이 노래만 나오면, 대학입학시험을 치르던 날이 떠오른답니다.

오전 시험을 마치고 점심시간에 이 노래가 흘러나와서 얼마나 마음이 편안했는지 모른답니다. 이 노래는 선생님이 제일 좋아하고 즐겨 부르던 노래였기 때문이에요. 여러분도 잠시 눈을 감고 노래 하나를 기억해보세요. 제일 먼저 떠오르는 노래가 무엇인가요? 이번에는 사람을 기억해볼까요? 어떤 사람이 떠오르나요? 가장 먼저 떠오르는 건 맛있는 음식이라고요?

어렸을 때의 기억과
트라우마

선생님의 어릴 적 첫 기억을 말해줄 까요? 선생님이 여섯 살 때, 우리 가족은 새 동네로 이사를 갔어 요. 가족들이 이삿짐 정리를 하는 동안 나는 크림빵을 먹으면서 동네 구경을 한다고 대문 밖으로 조금씩 걸어 나갔어요. 그런데 얼마 후 길을 잃어버리고 말았답니다. 어떻게 다시 집으로 돌아 왔는지는 기억이 나지 않지만 대문 앞에 서서 크림빵을 먹은 기억 은 생생해요. 그 빵은 표면에 작은 구멍들이 뽕뽕 나 있었고 속에 는 새하얀 크림이 들어 있었지요.

그런데 어떤 사람에게는 어릴 적 기억이 트라우마가 되기도 해요. 생선 가시가 목에 걸려 고생했던 기억 때문에 생선을 전혀 못 먹기도 하고, 어렸을 적 물에 빠진 기억에 수영장의 물을 무서 워하기도 하죠. 자기 부모님을 한평생 원망하며 산 사람도 있습 니다. 아버지는 술에 취해 그 사람을 자주 때렸고, 어머니는 집 을 나가버렸습니다. 그는 평생 동안 아무 일이나 닥치는 대로 하면서 희망 없이 되는 대로 살았습니다. 그리고 그 모든 불행의 원인을 자기 부모의 탓으로 돌렸습니다.

이 사람의 생각은 올바른 것일까요? 아마 여러분은 아니라고 대답할 거예요. 자신의 인생인데 왜 항상 남의 탓만 하면서 사느냐고 충고하고 싶을지도 모르죠. 당장 지금부터라도 마음을 다르게 먹고 살라고 하고 싶은가요? 하지만 그 사람이 받아들이기는 쉽지 않을 거예요. 오랜 시간 트라우마를 안고 왔고 정말로 부모님 때문에 자신이 계속 피해를 입고 있다고 생각하기 때문이죠.

이와 같이 어렸을 때의 기억 중 몇몇이 아주 강렬히 남아서 어른이 되어 살아갈 때에도 계속 영향을 미치는 경우가 있습니다. 그것이 좋은 기억이든 나쁜 기억이든 말이에요. 불쾌하고 나쁜 기억은 없애고 행복하고 좋은 기억만 하면서 살면 된다고 쉽게 말할 수 있겠지만, 그게 마음대로 잘되지 않는다는 것이 문제입니다. 무엇을 기억한다거나 잊는 것은 좀처럼 마음대로 되지 않습니다. 마치 우리가 꿈을 마음대로 꿀 수 없는 것처럼 말이지요. 하지만 완전히 불가능한 것도 아닙니다. 노력하면 어느 정도는 달라질 수 있어요. 기억의 주인은 다른 누구도 아닌 우리 자신이니까요.

안톤 슈낙과 윤동주가
기억하는 것들

기억이라는 것은 감정들과 함께 섞여 있습니다. 하지만 꼭 즐겁고 행복한 기억 아니면 슬프고 괴로운 기억, 이렇게 딱 두 갈래로 갈라지지는 않습니다. 약간 괴롭기는 하지만 달콤한 그리움을 느끼게 하는 기억도 있고, 슬프지만 행복한 기억도 있습니다. 이제 두 사람의 기억이 담긴 짤막한 글을 함께 읽으려 합니다. 안톤 슈낙의 산문 「우리를 슬프게 하는 것들」과 윤동주의 시 「별 헤는 밤」입니다.

먼저 안톤 슈낙의 글 일부분을 함께 읽어볼까요? 안톤 슈낙의 글은 여러분의 부모님들이 기억하실 거예요. 여러분의 부모님이 학생 시절이었을 때 매우 인기가 좋았던 글이거든요. 안톤 슈낙은 잔잔하고 애처로운 사랑이 깃든 슬픈 광경이나 풍경, 모습을 관찰해서 글로 썼습니다. 그래서 제목도 '우리를 슬프게 하는 것들'이라고 붙였어요. 이 글을 읽으면 한 폭의 수채화를 보는 듯한 느낌이 들어요. 슬픈 기억의 장면을 말하고 있는데 그 모습이 아름답기까지 하거든요.

공동묘지를 지나갈 때, 그리고 뜻밖에 "15세의 고운 나이에 세
상을 떠난 클라라가 이곳에 주님과 함께 잠들다"라고 쓴 묘비를
볼 때, 그녀는 나의 어릴 적 놀이친구였는데 항상 미소를 머금고
그리고 신비스러운 포도주 같은 아이였었지.

추수가 끝난 들판, 술에 취한 여인, 여러 해가 지난 후 어릴 때
살던 작은 도시에 다시 돌아왔을 때 아무도 당신을 알아보지 못
할 때, 놀이터 자리에는 집들이 들어섰고 내가 살았던 집에서는
낯선 사람이 보이고, 무성하던 아카시아 숲은 쓰러져버렸을 때.
이 모든 것들이 우리의 마음을 슬프게 한다.

어떤가요? 약간은 쓸쓸하고 약간은 서글프기도 한 느낌이
들지요? 안톤 슈낙은 이미 지나가버린 옛날의 추억을 다시 기억
에 떠올리면서 슬픔을 느끼고 있습니다. 그런데 "신비스러운 포
도주 같은 아이"라는 표현이 있지요? 무슨 뜻일까요? 뭐라고요?
포도주에 취한 아이 같다고요? 아니에요. 포도주 색깔이 아주 예
쁘잖아요. 신비스럽게 예쁘다는 뜻이에요.

윤동주의「별 헤는 밤」은 시인이 밤에 별을 보면서 품은 기억

들과 그리움의 마음을 담아 쓴 시예요. 일부분을 감상해볼까요?

별 하나에 추억과

별 하나에 사랑과

별 하나에 쓸쓸함과

별 하나에 동경과

별 하나에 시와

별 하나에 어머니, 어머니

아마 윤동주는 별을 보다가 꼬박 밤을 새우기도 하지 않았을까요? 별을 본다는 것은 잠자고 있던 기억을 되살려내는 것과 관계가 있는지도 몰라요. 밝은 보름달을 물끄러미 바라보면 잊고 있었던 옛 기억들이 떠오르잖아요. 안톤 슈낙도, 윤동주도 이때의 느낌을 글로 남겨놓았습니다. 무슨 느낌일까요? 모두 무엇인가를 그리워하고 있는 것 같지 않나요? 그립지만 볼 수 없고, 그립지만 지금은 함께할 수 없고, 그립지만 더 이상 만날 수 없는 그 무엇 말입니다.

기억을
글로 써보는 연습

기억의 강력한 무기는 글로 남기는 것입니다. 여러분도 틈이 날 때마다 열심히 글을 써보는 연습을 해보세요. 글을 쓸 줄 안다는 것은, 책을 읽을 줄 아는 것처럼, 자신에게 매우 소중한 능력이랍니다. 물론 어른들은 여러분이 공부를 잘하고 좋은 대학에 입학하기 위해 글 쓰는 연습을 해야 한다고 이야기하죠? 틀린 말은 아닙니다. 좋은 대학에서는 왜 글 쓰는 능력을 중요하게 생각할까요? 그것은 자신을 잘 표현하고 이 세상에 대해 더 잘 배우고 스스로 깊이 생각할 줄 아는 능력과 관계있기 때문입니다.

이제 '기억과 망각'이라는 제목으로 짤막한 글을 한번 써볼까요? 어떤 기억이든지 좋습니다. 즐거운 기억, 화났던 기억, 소중한 기억 모두 좋습니다. 단, 거짓 감정이 아니라, 여러분 가슴에 깊이 들어 있는 진짜 마음을 끄집어내보세요. 여기 여러분 또래의 친구들이 기억과 망각에 관해 쓴 글을 보여줄게요. 함께 읽어볼까요?

왜 모든 사람들에겐 기억이 있을까? 사람들은 모두 각자 잊어버리고 싶은 것도 있고 기억하고 싶은 것도 있을 것이다. 만약 기억하고 싶은 것을 기억하면 기분이 좋겠지만 그와 반대되는 것이라면……. 그러니까 기억한다고 해서 반드시 기분이 좋기만 한 것도 아니고 나쁠 수도 있다. 잊는 것도 마찬가지다. 내가 태어난 지 8개월쯤 되었을 때 부모님이 갈비탕을 식탁 위에 놓고 외출하셔서 내가 모르고 그 갈비탕을 엎질러서 팔에 화상을 입었다. 엄마는 급히 나를 데리고 병원에 가서 치료받게 했지만, 아직도 내 팔에는 커다란 흉터가 남아 있다. 이 일이 아직도 기억에 남아 있다. 하지만 이제는 그것을 잊어버렸으면 좋겠다.

기억은 왜 있을까? 나는 근심 걱정 다 잊어버리고 행복한 삶을 살고 싶다. 우리 할머니는 암에 걸려 돌아가셨다. 하지만 나는 할머니가 가르쳐주시던 한국어, 수학, 일본어, 영어, 이런 기분 좋은 일은 기억하고, 돌아가셨을 때의 생각은 잊어버리고 싶다. 솔직히 말하면, 요즘 난 할머니가 몹시 그립다. 그래서 이 글을 쓰면서도 눈물이 난다. 그래서인지 할머니 꿈을 꾸었다. 꿈에서 나는 할머니 발목을 잡고 있었다. 할머니는 아무 얘기도 하지 않았고, 얼굴도 보지 못했지만 기분은 좋았다. 왜냐하면 할머니가 내 곁에 있었으니까 말이다. 할머니가 그립다.

맞아요, 어떤 일은 잊으려 해도 자꾸만 기억나고 어떤 일은 기억하고 싶어도 잊어버려요. 슬프고 힘들었던 기억들은 특히 더 잊히지 않죠. 그 기억들을 글로 쓰기는 더욱 어렵고요. 하지만 그럴수록 더 글로 써보는 연습을 해야 해요. 그런 기억들을 계속해서 관찰하고 글로 써내려가다 보면 내가 놓치고 있는 것들을 발견할 수 있기 때문이에요.

유명한 예술가들도 바로 이렇게 열심히 글을 쓰거나 노래를 짓거나 그림을 그리면서 자신의 소중한 기억들이나 힘들었던 기억들을 담아냈습니다. 기억을 예술로 승화하며 자신의 삶을 잘 다스렸던 것이죠.

잊어버리는 것도
중요하다

　　　　　　기억하는 것 이상으로 망각하는 것도
매우 중요하답니다. 설마 그럴 리가 있냐고요? 그렇습니다. 우리
의 그 불행한 남자 이야기를 다시 해볼까요? 그 남자는 불행한 기
억에 사로잡혀 사는 사람이라고 말했지요? 특정한 기억을 꽉 붙
잡고 놓지 않으면서 다른 것들을 받아들이려고 하지 않는 사람
을 가리켜 우리는 '꽉 막힌' 사람이라고 말합니다. 새로운 공기,
신선한 공기가 들어가려면 그렇게 꽉 붙잡고 있는 기억들을 놓
아주어야 한답니다. 그래서 잊는 것도 우리에게 참 중요합니다.

　　옛사람들은 기억과 망각에 대해 어떻게 말했을까요? 앞에서
선생님이 말한『세계 명언 대사전』을 한 번 더 펼쳐보도록 하겠
습니다. 기억과 망각에 대해 이런 말들이 있네요.

　　1. 악한 행동은 쇠붙이에 새겨지지만, 선행은 물결에 쓰인다.

　　　(베르토, 『금언집』)

2. 강한 기억력은 좋은 것이지만, 잊어버리는 능력은 위대함의 진정한 표시이다. (허버드, 『경구집』)

3. 보지 않으면 잊어버린다는 것은, 친구뿐만 아니라 원수에게도 해당되는 속담인 것 같다. (스미드, 『피터 플링의 서한집』)

4. 기억하고 슬퍼하기보다는, 잊어버리고 웃는 편이 훨씬 낫다. (로세티, 『기억』)

여러분은 어떤 말이 가슴에 와닿나요? 선생님은 허버드의 말이 인상적이었답니다. 강한 기억력은 좋은 것이지만 잊어버리는 능력은 위대함의 진정한 표시라고 말하고 있잖아요. 잊어버리는 것도 능력이라고 할 수 있을까요? 아니, '건망증' 말고 말이에요. 이 말은 무슨 뜻일까요? 잊어버리는 것도 능력이고, 잊어버릴 수 있는 능력이 위대하기까지 하다니, 믿기 어렵지 않나요?

나쁜 기억들이나 불행한 경험들은 빨리 잊고 좋은 기억들이나 행복한 경험들을 잘 기억하자는 뜻이라고요? 물론 그런 뜻일 수도 있겠지만, 선생님이 보기에는 그 이상의 뜻이 있는 것 같아요. 때로는 좋은 기억이나 행복한 경험까지도 잊을 필요가 있다는 것입니다.

왜 좋은 기억까지 잊는 게 나을 때가 있을까요? 우리가 맛있는 음식을 먹었다고 해봐요. 그것보다 맛이 없으면 불평을 하게 되지요. 머릿속에서 맛있었던 그 음식에 대한 기억이 꽉 자리를 잡고 있어서 그래요. 하지만 맛있었던 기억도 때로 잊어버린다면 어떨까요? 매 순간이 새로운 경험이 될 거예요.

나이 많은 어른들이 외국에 나가서 오랜 기간 동안 생활하는 것을 두려워하는 이유가 뭔지 알아요? 여러분은 아직 세상의 모든 것이 새롭기 때문에 어느 곳에 가든지 쑥쑥 잘 적응할 수 있지만, 어른들은 우리나라에서 오랫동안 살면서 익숙해진 좋은 기억들, 편리한 생활 습관들을 가지고 있기 때문에 외국에서 새롭게 적응하기가 무척 어려운 것이랍니다. 아무리 좋은 경험과 기억이라고 해도 그게 최고라고 생각하면 새로운 것을 잘 받아들이지 못하게 됩니다. 그래서 거부하거나 싫어하게 되죠.

그런데 만약, 좋은 것이라도 때로는 용기 있게 잊고 새롭고 가벼운 마음으로 모든 것을 대한다면요? 훨씬 더 좋을 수가 있죠. 그러니까 잊기 힘들수록 더 용기를 내어 털어버릴 줄 아는 것이 위대한 능력이 될 수 있습니다. 이제 또 다른 친구가 기억과 망각에 대해 쓴 글을 보여줄게요.

사람들은 모두 하나씩은 특별한 기억을 가지고 있다. 사람들과 즐겁게 살아갔던 것, 가족이나 사랑하는 사람의 죽음 등을 사람들은 기억한다. 우리에게는 기억과 망각이 모두 필요하다. 왜

냐하면 모든 기억을 다 갖고 있으면 안 좋은 기억까지 남아 있기 때문에 매일 슬프게 살 수 있기 때문이다. 또 "기억하고 슬퍼하기보다는 잊어버리고 웃는 편이 낫다"는 로세티의 말처럼, 잊어버리기는 어렵지만 슬픈 기억은 기억하지 말고 다시 기쁘게 새로운 생활을 꾸며나가는 것이, 기억하고 슬퍼하는 것보다는 100배는 더 시간을 값지게 보낼 수 있기에 슬픈 기억은 망각을 하는 것이 좋을 것 같다. 하지만, 무조건 망각을 해버리면 나를 사랑하는 사람들이 슬퍼할 수 있기 때문에 사람에게 기억과 망각은 모두 필요하다.

어떤가요? 이 친구의 생각에 동의할 수 있나요? 우리는 항상 소중한 기억들을 품고 살아가고 싶어 하지만, 때로는 용기 있게 좋은 기억도 툴툴 털어 잊고, 새로운 마음으로 시작하는 것도 중요하다고 말하고 있습니다.

기억과 망각에 관해 살펴보았습니다. 첫째, 어린 때의 첫 기억을 이야기해보았습니다. 어린 시절에 겪은 경험은 기억에 선명히 남습니다. 둘째, 문학작품을 통해 사람들이 기억을 어떻게 글로 적고 있는지 알아보았습니다. 셋째, 우리 자신의 기억을 글로 적는 연습을 해보았습니다. 넷째, 소중한 것을 기억하는 것 못지않게 용기 있게 잊을 줄도 알아야 한다는 것을 배웠습니다. 잘 잊어버리는 것도 능력이 될 수 있습니다.

허버드의 경구를 다시 한 번 볼까요? 허버드는 이렇게 말했습니다. "강한 기억력은 좋은 것이지만, 잊어버리는 능력은 위대함의 진정한 표시이다." 허버드가 잊어버리는 능력이 위대하다고 말한 이유가 무엇일까요?

잊어버리는 능력은 용서할 줄 아는 능력이기도 하기 때문입니다. 누군가가 나에게 피해를 줬던 말들, 나를 힘들게 했던 행동들, 그것들을 하나씩 곱씹으면 점점 그 안에 자신을 가두게 됩니다. 어떤 성직자는 이렇게 말했어요. 용서는 상대방을 위한 것이 아니라 나 자신을 위한 것이라고요.

지금 우리에게는 잊어버리는 능력이 필요합니다. 그것은 우리가 아직 '되어가는' 존재이기 때문이에요. 상대방을 위해서가 아니라 먼저 나 자신을 위해서 잊어버리는 능력을 키워야 합니다. 그러면 여러분 스스로 상대할 수 있는 사람과 상황의 범위가 어느새 커진 것을 발견할 수 있을 거예요. 잊어버리는 것, 망각이 중요한 이유는 바로 여러분 자신이 소중한 존재이기 때문임을 기억하세요.

나가는 글

어느덧 여러분과 함께한 열두 번의 철학 수업이 모두 끝났습니다. 그동안 선생님과 함께했던 시간들 중에서, 우리가 함께 생각해보았던 것들 중에서, 과연 어떤 것들이 여러분의 기억에 남았을까 궁금해지네요.

선생님은 여러분을 만나서 정말 행복하고 좋았답니다. 여러분은 앞으로 또 새로운 학년이 되고, 새로운 친구들을 만나고, 새로운 책을 읽고, 새로운 학교를 가게 될 거예요. 여전히 바쁠 테고요.

그러다 보면 팍팍한 일상에서 잠시잠깐 한 숨 돌릴 시간이 필요할 거예요. 그럴 때면 우리가 함께한 수업을 떠올려보면 좋겠습니다. 혼자 글을 쓸 때나 책을 읽을 때, 누군가와 대화를 하거나 토론할 때 우리가 함께 나누었던 철학의 생각들이 반짝이는 순간이 있기를 바라며.

여러분 그동안 모두 수고 많았고 고마웠습니다. 그럼 또다시 만날 때까지, 안녕.

참고문헌

구로야나기 테츠코, 김난주 옮김, 『창가의 토토』, 프로메테우스, 2004.

김별아, 『거짓말쟁이』, 아이들판, 2006.

다니엘 메예, 김경랑 옮김, 『프랑스 학교(창해 ABC북 16)』, 2000.

루이스 캐럴, 김동근 옮김, 『이상한 나라의 앨리스』, 소와다리, 2015.

마르틴 하이데거, 전양범 옮김, 『존재와 시간』, 동서문화사, 2016.

범립본, 추적 엮음, 이규호 옮김, 『명심보감』, 문예춘추사, 2016.

신동훈, 『바리데기 야야 내 딸이야 내가 버린 내 딸이야』, 휴머니스트, 2013.

안중근, 『동양평화론(외)』, 범우사, 2010.

안중근, 『안응칠: 이토 히로부미를 쏘다』, 푸른나무, 2004.

안톤 슈낙, 차경아 옮김, 『우리를 슬프게 하는 것들』, 문예출판사, 2017.

양주동 엮음, 『세계 명언 대사전』, 미조사, 1976.

오천석 엮음, 『노란 손수건』, 샘터, 2007.

오 헨리, 이현주 옮김, 『오 헨리의 마지막 잎새』, 블루프린트, 2014.

요슈타인 가아더, 장영은 옮김, 『소피의 세계』, 현암사, 2015.

윤동주, 곽효환 엮음, 『별 헤는 밤』, 2017.

이미륵, 전혜린 옮김, 『압록강은 흐른다』, 종합출판범우, 2010.

이순신, 송찬섭 옮김, 『난중일기』, 서해문집, 2004.

이충렬, 『아름다운 사람 권정생』, 산처럼, 2018.

이황, 이익, 안정복, 이광호 옮김, 『이자수어』, 2010.

토머스 홉스, 진석용 옮김, 『리바이어던』, 나남, 2018.

트리나 폴러스, 이상영 옮김, 『꽃들에게 희망을』, 청목, 2001.

프리드리히 폰 실러, 이재영 옮김, 『빌헬름 텔』, 을유문화사, 2009.

한영우, 『다시 찾는 우리역사』, 경세원, 2017.

한자경, 『대승기신론 강해』, 불광출판사, 2013.

홍자성, 김성중 옮김, 『채근담』, 홍익출판사, 2005.

도판출처

본문 84쪽 ⓒ DOMO

본문 89쪽 위 ⓒ TreptowerAlex

본문 94쪽 ⓒ Edward H. Adelson

본문 96쪽 M.C. Escher's "Sky & Water I" ⓒ 2019 The M.C. Escher Company-The Netherlands. All rights reserved. www.mcescher.com

본문 158쪽 위 ⓒ DOMO

본문 158쪽 아래 ⓒ 박정원

본문 198쪽 ⓒ RAYANDBEE

이 책에 사용된 인용 글과 도판 자료의 거의 대부분은 저작권자의 동의를 얻었습니다. 저작권자를 찾지 못하여 게재 허락을 받지 못한 일부 자료에 대해서는 저작권자가 확인되는 대로 게재 허락을 받고 정식 동의 절차를 밟겠습니다.